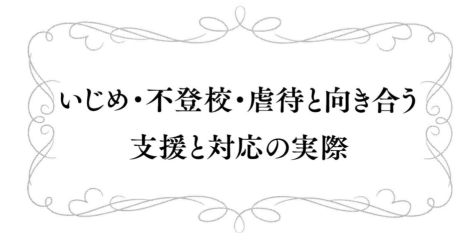

いじめ・不登校・虐待と向き合う 支援と対応の実際

亀田 秀子
HIDEKO　KAMEDA

まえがき

　本書は、いじめ・不登校・虐待の社会問題への支援と対応の実際がわかる書です。現場で役立つヒントがちりばめられています。次の方を主な対象として執筆いたしました。①幼稚園教諭・小学校教諭、保育士、そして、社会福祉士・精神保健福祉士を目指す学生さん、②いじめ・不登校・学級崩壊等で悩む新任教師や若手教師、③いじめ・不登校等に関心のある方々です。

　本書の構成は、第1章「いじめを乗り越えるヒントと処方箋」、第2章「どうしても伝えておきたい"いじめ"のこと」、第3章「不登校生への支援と対応の実際」、第4章「児童虐待　－今、伝えたいこと－」、第5章「いじめ・学級崩壊への対応の実際」の構成になっています。興味・関心のある章からお読みください。事例は筆者の実践活動をもとに、もっとも多くみられた一般的な事例としてご紹介しております。

　本書の最大の特徴は、現代の社会に必要な「ソーシャルワーク」の視点を取り入れ、筆者の実践（小学校の教諭として、さわやか相談員として、スクールソーシャルワーカーとして）から「いじめ・不登校・虐待と向き合う支援と対応の実際」を具体的に、わかりやすく伝えている点です。現場経験のない学生の皆さんにも「実際に何をするか、どう動くのか」がイメージしやすい本になっています。今、子どもの問題は複雑化し、家庭環境等の課題や学校での対応困難な事象が増加しています。教師が一人で問題を抱え込むことなく、さまざまな機関が連携を図りながら、チームとして取り組む「ソーシャルワーク」の重要性に迫る書です。

　教育畑だった筆者が「社会福祉」を理解していくことは大変でした。しかし、社会福祉士・精神保健福祉士の国家資格を取得したことで視野が広がりました。教育と福祉の隣接分野の学びと実践は、筆者に多角的な視点と考え方の多様性を与えてくれました。学生の皆さんも資格を取得し、思い描いた通りの職業人生を切り開いていってほしいと願います。

　教育・福祉の分野を目指す学生の皆さん、そして、現場で奮闘されている教師の皆さんに、本書を読んでいただけたら幸いです。

2016年1月吉日

　　　　　　　　　　　　　　　　　　　　　　　　　　　　亀田　秀子

目　次

まえがき ……………………………………………………………… 1
第1章　いじめを乗り越えるヒントと処方箋 ……………………… 7
1．「いじめ」って、なんでしょうか ……………………………………… 8
2．事例からみる「いじめを乗り越えるヒントと処方箋」 …………… 8
　（1）身体に関する言葉によるいじめ ………………………………… 9
　（2）無視、悪口、命令などの仲間はずれによるいじめ …………… 14
　（3）集団によるいじめ ………………………………………………… 17
　（4）親友・仲の良い子からのいじめ ………………………………… 20
　（5）妬み・嫉みからのいじめ ………………………………………… 22
　（6）正義感がきっかけで始まったいじめ …………………………… 23
　（7）いじめと犯罪の線引きが難しいいじめ ………………………… 25

第2章　どうしても伝えておきたい「いじめ」のこと ……………… 27
1．いじめとは ……………………………………………………………… 28
　（1）いじめる理由とは、いったい、なんでしょうか ……………… 28
　（2）保護者側と学校側の「いじめ見解」の違いをどう埋めるか … 28
　（3）学校に寄せられた保護者とのトラブル ………………………… 29
　（4）いじめの本質 ……………………………………………………… 29
　（5）いじめの認知件数急増の背景 …………………………………… 30
　（6）忘れてはいけない「大津市中2いじめ自殺事件」 …………… 30
　（7）知っておきたい「いじめ防止対策推進法」 …………………… 31
　（8）なぜ、中学1年はいじめの認知件数が最多なのか …………… 32
2．いじめの四層構造といじめへの対応 ………………………………… 32
　（1）いじめ集団の四層構造とは ……………………………………… 32
　（2）いじめ被害者と加害者の特徴とは ……………………………… 33
　（3）いじめ被害者の理解と対応 ……………………………………… 34
　　　①被害者の事例 …………………………………………………… 34
　　　②被害者の心の叫び ……………………………………………… 34
　　　③いじめられている子どもの心性 ……………………………… 34
　　　④いじめられたことを親に言わない心理とは ………………… 35

　　　　⑤知って欲しい「いじめ被害体験が及ぼす深刻な長期的影響」‥‥ 35
　　　　⑥いじめ被害者への対応‥‥‥‥‥‥‥‥‥‥‥‥‥‥‥‥‥ 36
　　　　⑦学校・家庭ぐるみでいじめを予防し、対処しよう‥‥‥‥‥ 36
　　（４）観衆への理解‥‥‥‥‥‥‥‥‥‥‥‥‥‥‥‥‥‥‥‥‥‥ 39
　　　　①観衆の事例‥‥‥‥‥‥‥‥‥‥‥‥‥‥‥‥‥‥‥‥‥‥ 39
　　　　②いじめる側が集団化する理由‥‥‥‥‥‥‥‥‥‥‥‥‥‥ 40
　　（５）傍観者への理解‥‥‥‥‥‥‥‥‥‥‥‥‥‥‥‥‥‥‥‥‥ 40
　　　　①傍観者の事例‥‥‥‥‥‥‥‥‥‥‥‥‥‥‥‥‥‥‥‥‥ 40
　　　　②立場が入れ替わるいじめ‥‥‥‥‥‥‥‥‥‥‥‥‥‥‥‥ 41
　　　　③同調傾向と同調圧力の問題‥‥‥‥‥‥‥‥‥‥‥‥‥‥‥ 41
　　（６）観衆や傍観者への対応、両者にどう働きかけるか‥‥‥‥‥‥ 41
　　（７）いじめの四層の抑うつ傾向と目撃したことによる精神的影響‥‥ 42
　　（８）加害者への理解と対応‥‥‥‥‥‥‥‥‥‥‥‥‥‥‥‥‥‥ 42
　　　　①加害者の事例‥‥‥‥‥‥‥‥‥‥‥‥‥‥‥‥‥‥‥‥‥ 42
　　　　②子どもへの見方を変えてみる‥‥‥‥‥‥‥‥‥‥‥‥‥‥ 42
　　　　③「いま、ここで何ができるのか？」の問い‥‥‥‥‥‥‥‥ 43
　　　　④子どもの不適切な行動の４つの目標‥‥‥‥‥‥‥‥‥‥‥ 44
　　　　⑤加害者は本当に他者理解能力が低いのか‥‥‥‥‥‥‥‥‥ 46
　　　　⑥加害者への対応‥‥‥‥‥‥‥‥‥‥‥‥‥‥‥‥‥‥‥‥ 46
　　（９）学校全体としての取り組みの構築と醸成を！‥‥‥‥‥‥‥‥ 47
　　（10）大人がいじめに取り組む時の５か条と対応‥‥‥‥‥‥‥‥‥ 47
　３．いじめ予防・防止への取り組み‥‥‥‥‥‥‥‥‥‥‥‥‥‥‥‥‥ 48
　　（１）日本の学校における主な「いじめ予防教育」‥‥‥‥‥‥‥‥ 48
　　（２）いじめ防止への取り組み‥‥‥‥‥‥‥‥‥‥‥‥‥‥‥‥‥ 50
　　　　①ピア・サポート実践‥‥‥‥‥‥‥‥‥‥‥‥‥‥‥‥‥‥ 50
　　　　②ストレス・マネジメント教育‥‥‥‥‥‥‥‥‥‥‥‥‥‥ 51
　　　　③サクセスフル・セルフ‥‥‥‥‥‥‥‥‥‥‥‥‥‥‥‥‥ 52
　　（３）安心と居場所のある学校・学級づくり‥‥‥‥‥‥‥‥‥‥‥ 53

第３章　不登校生への支援と対応の実際‥‥‥‥‥‥‥‥‥‥‥‥‥‥ 55
　１．知っていますか？　学校の中にいる「専門家」‥‥‥‥‥‥‥‥‥‥ 56

2．憧れの「さわやか相談員」になって ・・・・・・・・・・・・・・・・・・・・・ 56
3．知って欲しいスクールソーシャルワークについて ・・・・・・・・・・・ 58
　　（1）スクールソーシャルワーカー導入の背景 ・・・・・・・・・・・ 58
　　（2）社会福祉を学ぶ学生に人気のスクールソーシャルワーカー ・・・・・ 59
4．不登校生支援の実際 ・・・・・・・・・・・・・・・・・・・・・・・・・・・・・・・・・ 60
　　（1）さわやか相談員としての不登校生支援 ・・・・・・・・・・・・・・・ 60
　　（2）学校に行かないという1つの選択 ・・・・・・・・・・・・・・ 62
　　（3）スクールソーシャルワーカーとしての不登校生支援 ・・・・・・・・ 64
5．理想の相談室を目指して ・・・・・・・・・・・・・・・・・・・・・・・・・・・・ 67
　　（1）もっと柔軟に開かれた相談室を目指して ・・・・・・・・・・・ 67
　　（2）子どもの才能を発見して子どもが輝く瞬間を！ ・・・・・・・ 69
6．思春期を生きる子どもたちの理解と対応 ・・・・・・・・・・・・・・・・ 70
　　（1）思春期の子どもたちの特徴 ・・・・・・・・・・・・・・・・・・・・・・・ 70
　　（2）思春期の子どもたちへの対応の4つのヒント ・・・・・・・・・ 72
　　　　①感情をコントロールしにくい思春期 ・・・・・・・・・・・・・ 72
　　　　②叱咤激励は逆効果 ・・・・・・・・・・・・・・・・・・・・・・・・・・・ 72
　　　　③正面から子どもと向き合う ・・・・・・・・・・・・・・・・・・・ 73
　　　　④子どもとの適度な距離を保つ ・・・・・・・・・・・・・・・・・ 73
　　（3）「生」に関する気がかりな子どもたち ・・・・・・・・・・・・・ 73
　　（4）思春期の子どもたちと向き合う中学校の先生 ・・・・・・・・ 74
　　（5）ストレスを抱えて頑張っている先生方へ ・・・・・・・・・・・ 74

第4章　児童虐待　－今、伝えたいこと－ ・・・・・・・・・・・・・・・・・ 77

1．虐待死のニュースから ・・・・・・・・・・・・・・・・・・・・・・・・・・・・・・ 78
2．虐待死の現状 ・・・・・・・・・・・・・・・・・・・・・・・・・・・・・・・・・・・・ 79
3．虐待ってなんだろう ・・・・・・・・・・・・・・・・・・・・・・・・・・・・・・・ 80
4．児童虐待の定義とは ・・・・・・・・・・・・・・・・・・・・・・・・・・・・・・・ 80
5．虐待を発見したら、どこへ通告したらよいの？ ・・・・・・・・・・・ 81
6．虐待の4つの種類 ・・・・・・・・・・・・・・・・・・・・・・・・・・・・・・・・・ 82
7．「しつけ」と「虐待」の違い ・・・・・・・・・・・・・・・・・・・・・・・・ 82
8．体罰の6つの問題性 ・・・・・・・・・・・・・・・・・・・・・・・・・・・・・・・ 83

9．虐待を受ける子どもの特徴	83
10．虐待による心理的影響	84
11．虐待を受けた子どもの脳とは	85
12．主たる虐待者の心身の状況	86
13．虐待が行われた家庭の特徴	87
14．虐待の世代間伝達	87
15．児童虐待相談対応件数の推移	87
16．児童虐待早期発見のポイント	89
17．育児　一人で悩まないで	91
18．貧困と虐待の連鎖	92
19．画期的な「子どもの貧困対策推進法に関する法律」	92
20．被虐待児に関わる児童養護施設職員のストレスとは	93
21．スクールソーシャルワーカーとしての虐待への支援の実際	96

第5章　いじめ・学級崩壊への対応の実際　99

1．ゴールデン・ウィーク明けの5月半ば、豹変するP君	100
2．新任教師への支援体制	101
3．P君と筆者との6か月「闘争」にピリオド	103
4．崩れゆく筆者の身体	103
5．元1年2組の子どもたちへ　「ごめんね、みんな」	104
6．当時、必要だった支援体制とは	108
7．今、抱え続けた「心の闇」に迫る	110

あとがき	113
謝辞	114
著者の論文紹介	115
主要引用文献・参考文献	116

第1章　いじめを乗り越えるヒントと処方箋

1．「いじめ」って、なんでしょうか

　まず、「いじめ」をどのように捉えるかは、非常に、大切なことです。保護者の方と学校側と「いじめ」の捉え方が違っていて、学校側が、熱心に取り合ってくれなかったといったケースを耳にします。そこで、最初に、「いじめって何か」について、考えてみたいと思います。

　少し堅いお話になりますが、文部科学省の定義から考えてみたいと思います。2006年度に文部科学省が発表した定義では、「いじめとは、当該児童生徒が、一定の人間関係のある者から、心理的・物理的な攻撃を受けたことにより、精神的な苦痛を感じているものとする。なお、起こった場所は学校の内外を問わない」としています。この定義から分かるように、いじめられた児童生徒の立場に立って、より実態に即して把握できるように見直されています。

　ここで、一番、留意すべきことは、「一定の人間関係のある者から」の箇所です。いじめは、通りすがりの見ず知らずの他人から受けたりはしないものです。一緒の登校班であったり、同じクラスの仲間であったり、そこには、一定の人間関係が存在しているのです。つまり、「関係性の中での力の乱用」といえます。逃れにくい関係のなかでの「関係内攻撃」で一方が優位に立ち、意図的な繰り返しにより、被害者はやがて「無力化」に陥ってしまいます。さらに、加害側は「集団化」するという構図ができあがります。

　「いじめの芽」のうちに、発見し、早目に対応することが大切になってきます。

2．事例からみる「いじめを乗り越えるヒントと処方箋」
　いじめの内容や態様は、さまざまです！

　いじめには、「暴力」「いやがらせ」「仲間はずれ」「おどし」等の内容があります。小学校、中学校では「いやがらせ」と「仲間はずれ」が圧倒的に多いことが分かっています。いじめの態様は、もっとも多いものが「冷やかしやからかい、悪口や脅し、文句、嫌なことを言われる」です。次に多いのは、「軽くぶつかられたり、遊ぶふりをして叩かれたり、蹴られたりする」。続いて、「仲間はずれ、集団による無視をされる」です（平成23年度文部科学省発表）。子どもたちが、このような「いじめ」を受けていると想像しただけでも、ぞっ

としませんか。筆者が出会った子どもたちのなかにも、さまざまないじめの内容や態様がみられました。事例はもっとも多くみられた一般的な事例としてご紹介しています。事例を元に、どのように「いじめと向き合って、いじめを乗り越えていったのか」を考えてみたいと思います。

　事例は大きく分類しますと、（１）「身体に関する言葉によるいじめ」、（２）「無視、悪口、命令などの仲間はずれによるいじめ」、（３）「集団によるいじめ」、（４）「親友・仲の良い子からのいじめ」、（５）「妬み・嫉みからのいじめ」、（６）「正義感がきっかけで始まったいじめ」、（７）「いじめと犯罪の線引きが難しいいじめ」です。いじめを乗り越えられたケースでは、「いじめを乗り越えられたヒント」を、いじめを乗り越えられなかったケースでは、「いじめを乗り越えるための処方箋」や「伝えたいメッセージ」として記しています。

（１）身体に関する言葉によるいじめ

「デブ」「ブス」「エグイ」の言葉のいじめを小学校から中学校にかけて受け続けた事例（Ａ子さん）

　思春期は、「自己像」が安定せずに、揺れ動く時期でもあります。特に、女の子にとって、容姿に関わることを言われてしまったら、その後の人生にも大きな影を落とします。小学校４年生から中学校２年生の初めまで、長い間、「デブ」「ブス」「エグイ」などの言葉のいじめを受けることは、とてもつらいことです。「いじめを成長の糧にできた」と語ってくれたＡ子さんは、いじめをどのように乗り越えていったのでしょうか。一緒に探ってみたいと思います。

●いじめられた時期と言葉によるいじめの影響
　Ａ子さんは、ぽっちゃりしていたことにより、「デブ」と言われたことがきっかけで、その後は「デブ」「ブス」「エグイ」などの言葉を浴びせられていたのです。「自己肯定感」が低下してもおかしくない内容のいじめといえます。それも、小学校でも、中学校でも、Ａ子さん対男子７〜８名という集団でのい

じめでした。

● 母親の「今日、何かあったの？」という言葉に救われたＡ子さん

　Ａ子さんの落ち込みに、母親が気づいて、「今日、何かあったの？」と聞いてきたと言います。Ａ子さん自身は、「幼心にいじめられていることは、自分に不利になるので、言っちゃいけない」と思ったと語っています。また、「いじめられている事実を認めたくなかった」とも語っています。

　子どもの変化や異変に気づける母親の感性、それを言葉にする大切さを実感する事例です。子どもながらに、「いじめられていること＝不利になること」という公式ができあがっていたようです。

● いじめを乗り越えられた要因は、教師や友達の存在だった！

　小学校４年の３学期に産休を終えた先生がクラスに戻ってきて、いじめの状況に気づいてくれたそうです。「ありのままの自分を認めてもらえて立ち直れた」とＡ子さんは語っています。

　Ａ子さんは中学校１年の時の担任の先生にも恵まれていました。「皆が言うほど太ってもいない。そのままで大丈夫。学校で嫌なことがあったら、相談しに来ていい」と言われて心強かったそうです。中学校２年生の時の先生は、「男子がいじめるときちんと指導をしてくれる先生でした」と語っています。

　他の要因としては、友だちにも恵まれており、母親も子どもの変化にいち早く気づいてくれたことなどが挙げられます。周囲に支えてくれる人が存在することは、いじめを乗り越えやすくするものです。ソーシャル・サポートを得られやすいＡ子さんであったともいえます。

● Ａ子さんが語った「いじめを乗り越えられたヒント」
①先生や母親がいじめに気づいてくれた。
②先生がきちんといじめに対する指導をしてくれた。
③先生が「相談しに来ていいよ」と言ってくれた。
④友達にも恵まれていた。

身長が高いことであだ名を付けられ、小学校から中学校まで言葉によるいじめを受けた事例（B子さん）

　身長が高い、低い、太っている、痩せているという身体的なことで言葉のいじめを受けるのは、つらいものです。まして、思春期の身体に関するいじめは、青年期になっても心のしこりになるようです。

　B子さんは、面接中、過去のいじめを思い出して涙ぐむ場面もありました。いじめを乗り越えるのは、「無理」と言い切ったB子さんは、どんないじめを体験したのでしょうか。

● **小学校1年～中学校3年まで、9年間にわたる長期的ないじめ**

　きっかけは、身長が高かったことです。背が高いことで、あだ名をつけられ、クラスが変わっても、学年が変わっても、あだ名が持ち上がっていく感じだったとB子さんは語ります。B子さん1人に対して男子全員、時には、クラス全員から「言葉のいじめ」を受けていたと言います。

● **どんな対処法を取ったのでしょうか**

　B子さんは、つらい気持ちを母親に相談して、何とか、小学校時代と中学校時代を過ごしてきたと語ります。男子にあだ名を言われた時は、「何でそんなこと言うの！」と反発したので、余計に、「男子がおもしろがってしまったのかもしれません」と当時を振り返っていました。

　小学校1年のときには、母親が担任に相談したそうですが、「子どものことですから、放っておけばなくなります」といじめへの認識が薄かったとB子さんは言います。当時の担任に対しては、「この対応ってどうなんだろう」と今でも、疑問に感じているそうです。

● **いじめの深刻な影響**

　B子さんは、今でもあだ名のことを思い出すと、「気持ちが沈むんです。なんか、嫌な思いがするんです」とつぶやきます。また、「小さい頃は人見知りもしなかったのに、今はいじめの影響で駄目なんです」と語りました。

また、いじめについて「自分でどうにかできるものではないし、変えようがないし、余計にそれが腹立たしい」と涙ながらに言いました。

● 学校に通えたヒント：つらい気持ちを分かってくれた母親がいた

このケースは、自分の努力ではいかんともしがたい身体に関する言葉による長期的ないじめです。9年間にわたり、つらい時に母親に相談できたことで、学校に通えていたのではないでしょうか。母親の存在の大きさに気づかされる事例です。

● いじめを乗り越えるための処方箋

①担任のいじめに対する認識をどう変えていくか。

担任がいじめに対してどのように認識しているかは、重要なポイントになります。担任の観察や声かけで、救われる子どもたちも多いものです。いじめの現状を把握して、いじめへの感性を磨いていってほしいと感じます。

②母親以外の相談相手をどう得ていくか。

母親以外に、クラスメートや友だち、先生など、学校生活のなかでソーシャル・サポートを得られると、いじめのつらさも軽減されたと考えられます。母子関係が良好であると、そこに安心して、外の世界に援助を求めにくくなることもあります。相談先は、1か所より、2か所、2か所より、多数持つことが、いじめを乗り越えやすくします。

「デブ」「ブタ」の言葉のいじめ
中学では女子の8割に嫌われていた事例（C君）

C君は、小学校6年生から中学校3年生までの時期、太っているという理由だけで、言葉によるいじめを受け続けていたそうです。二十歳のC君は、スリムです。いじめられていた過去をバネにして、今、輝いています。C君が体験したいじめとは、どんないじめだったのでしょうか。そして、スリムな体型を維持している背景に迫ってみたいと思います。

● 「デブ」「ブタ」の言葉のいじめ

　Ｃ君は、小学校６年生の時、太っているというだけで、「デブ」「ブタ」と言われてからかわれたり、お腹の肉をつままれたりしたそうです。途中から、笑いに代えて対応したため、３〜４人の少人数からのいじめで済んだのではないかと当時を振り返っています。

　デブ・キャラを演じて、「癒し系」を醸し出したために、殴られることはなかったそうです。「男子からよりも、女子の視線がきつかった。女子の８割に嫌われて２割には癒し系と思われていた」と話します。

　「高校生まで 119 キログラムもあったんです」とＣ君は語ります。人と話すのが得意でないＣ君は、言われても言い返すことができなかったし、面倒くさかったと言います。

● 思春期に刷り込まれた思いは消えない！

　今でも「心のしこり」として残っているいじめは、中学校２年生から３年生の時の「女子からの視線のきつさ」であると言います。目が合うとすぐに逸らされて、目を逸らされると何も言えなくなってしまうそうです。

　Ｃ君は、「異性から絶縁状を叩きつけられたのに等しい感じがする。思春期なので刷り込まれた。この思いは絶対に消えない。存在を認めてもらえないような感じになった」とつぶやきました。

● Ｃ君のトラウマ

　「今は、痩せているけど、それなりに体重が気になります。体型は、二度とリバウンドしないようにしたいと思います。体重が戻ると気持ちも沈むと思うので…。容姿に自信が持てないでいます」とＣ君は率直に語ってくれました。

● いじめを乗り越えられたかどうかはわからない

　「ふとした時に、太っていた時の頃を思い出して、落ち込んだりするので、思春期に刷り込まれたことは、絶対に消えない！心の傷は残るし、取り去りようがない」とＣ君は言います。いじめを乗り越えられたのかどうかは自分ではわからないと話していました。

●いじめを乗り越えるための処方箋

　C君は過去のつらい体験を振り返り、第三者に語っています。この状態は、ハーマン（1992）による、回復過程の第二段階「回想と服喪追悼」に当たります。これは、被害経験者が外傷のストーリーを語る段階とハーマンはいいます。

　興味のある方は、みすず書房から出版されている『心的外傷と回復』＜増補版＞ジュディス・L・ハーマン・中井久夫訳・小西聖子解説をご覧ください。

　他者に語ることにより心にうっ積していたものを少しずつ吐き出して、自分を見つめ直し、ポジティブな意味づけを与えていくことは、つらい体験から立ち直って回復していくプロセスとも言えましょう。

（２）無視、悪口、命令などの仲間はずれによるいじめ

命令と悪口によるいじめを受けて（D子さん）

　小学校低学年の頃は、誰かに命令されたり、悪口を言われたりするいじめが多いようです。気がつくと、自然にいじめが終わっていたという体験を持つ人は多いかもしれません。D子さんのいじめについてみていきます。

●瞳が茶色いので「外人」と呼ばれて…

　小学校に入学して間もない頃、瞳が茶色いという理由で、「外人」と呼ばれたそうです。そのことがきっかけとなって、休み時間などに「○○、取って来いよ！」と命令されるいじめが始まったと語っています。1人の女の子が中心となって、2人の男の子に自分の悪口を言わせるということが、2週間くらい続いたとD子さんは言います。

●ご機嫌取りしかできなくて…

　「悪口を言われても黙って聞いているしかできなくて、命令されても言い返すことができなかった」とD子さんは言います。逆に、D子さん自ら、「○○取ってくる？」とその子の機嫌を取ることもあったと語っていました。当時はそうしたことしかできなかったようです。

●伝えたいメッセージ：いじめが自然に終わっていて…

　D子さんはストレスがたまると近所の子と遊んで発散していたと言います。遊びに熱中していると、嫌なことも忘れてしまうようです。過去を振り返って、「いじめを乗り越えたというより、いじめが自然に終わっていたという感じです」とD子さんは語りました。深刻に悩むこともなく、ため込まないで発散していたそうです。

小学校高学年では下校時に悪口を言われ、仲間はずれに！中学校では、ホクロのことで馬鹿にされた事例（E君）

　集団下校でのいじめや身体的なことを言われるいじめは、よくあるいじめとも取れますが、心に堪えるいじめともいえます。E君は小学校3年生から高校生までいじめを受け続けました。E君はどのようないじめを受けたのでしょうか。いじめを乗り越えられたヒントにも触れていきます。

●長期的ないじめ

　E君は、小学校3年生から高校生まで長期的ないじめを受けてきました。小学校では、集団で下校する際、悪口を言われたり、仲間外れにされたり、後ろから蹴られたりしていたそうです。E君は「表面に出やすい、発覚しやすいいじめだった」と言っています。

　中学校では、ホクロのことを言われたり、バカにされたりといういじめを受け、高校では「他の人と考え方が合わないためにいじめに遭った」と語りました。

●積極的な対処法

　E君は、小学校・中学校・高校と家族や友達に相談できたと言います。そして、先生が味方になってくれたそうです。

　E君は、泣きながら、やられたことを訴えて、嫌なことは嫌だと言えたタイプです。周囲に訴えていくという積極的な対処法を取れることも大きな力であると思います。

●家族が味方になってくれた

　６人家族で、自分のことをわかってくれる良い家族関係だったようです。父と母は同じ考えで、「やり返してみろ！」と言い、祖父は「もう少し、大人になったら…」とアドバイスをしてくれたそうです。祖母は「そんなに嫌なら学校休んでもいい」と言ってくれ、また、姉は「今度、私がやっつけてやる」と言って自分を守ってくれたそうです。

●Ｅ君が語った「いじめを乗り越えられたヒント」

①やられたらやり返す！
　「やられたらやり返すことを繰り返しているうちに、自然にいじめがなくなった」
②周囲に味方がいたから…。
　「友だち、家族、先生が相談に乗ってくれるなど、周囲にたくさんの味方になってくれる人がいた」
③自分で変わる努力をした。
④相手にしない。
　「こういう人間だから仕方ないと思って相手にしなくなったら、精神的に楽になって強くなった」

　Ｅ君は「誰かに相談する」という積極的な対処法で、いじめに向き合いました。周囲に相談すると周囲が味方になってくれる等、ソーシャル・サポートを得やすいタイプであるといえます。
　また、自ら変わる努力をする、相手にしない等、いろいろと試行錯誤で頑張っていた姿が目に浮かんできます。

（3）集団によるいじめ

ポケベルに「学校にくるな」「死ね」と送られてきた
「1対集団」の部活でのいじめ（F子さん）

　現在、携帯電話等による「ネットいじめ」が社会問題となっています。この事例は、ポケベルに「学校にくるな」「死ね」と送られてきたF子さんの事例です。F子さんは、どのように、いじめを乗り越えたのでしょうか。

●心の「しこり」となるいじめとは…
　F子さんは、小学校の入学当初や小学校3年生の頃、そして中学校1年生の夏から秋にかけていじめられた体験を持っています。今でも、「心のしこり」となるいじめについて聞いてみました。
　F子さんは「中学1年の夏から秋にかけて起こったいじめで、上履きが無くなったり、教科書にヨードチンキをかけられたりしたいじめが心に残っています」と答えていました。
　さらに、「同じ時期に、ポケベルに学校くんな！死ね！と送られてきた時には、本当にショックでした」と語っています。F子さん1人に対して、女子バレー部の同級生18人という集団の陰湿ないじめです。

●はっきり言うタイプ、目立つタイプはいじめの標的になるのか
　F子さんは、いじめられた「きっかけ」については、未だにわからないと言っています。ただ、自分の性格を分析して「はっきり言うタイプだったので、たまには、きついことを言うこともあって、いじめた人はムカついていたのかもしれないと思う…」と語っていました。
　クラスでは、係りの仕事を積極的にやったり、副委員長をしたり、文化祭や体育祭では実行委員を務めた経験があります。目立つタイプであったのかもしれません。
　いじめる側の心理として、「うらやましかった」「妬ましい」などの要因があるのは否めないことです。

● 救世主は、部活の顧問の先生だった…

　F子さんは、中学校1年生の時のいじめでは、「誰に相談したらいいんだろう」と考え、部活の顧問の先生に相談したそうです。その時、顧問の先生がヨードチンキで染まった教科書全部に表紙を付けてくれたそうです。「顧問の先生の温かい行為に救われました」と涙ながらに語っていたのが印象的です。

● F子さんが語った「いじめを乗り越えられたヒント」

①単発的ないじめだったこと。
②周囲にいじめられていることを訴えた。
③強気な性格で、言われたら向かっていくパワーがあった。
④喧嘩しても「大丈夫」と体力に自信があった。

小学校3年生で女子7人からしかとされ、中学校では嫌がらせ、部活ではパシリをさせられた事例（G子さん）

　いじめは3、4歳の頃から既に始まっていたというG子さんの事例をご紹介します。「いじめは、突然始まる！」と語ったG子さんは、いじめをどう乗り越えたのでしょうか。

● いじめは、突然始まる！

　いじめは、3、4歳の保育園の時期から始まりました。小学校2年生から4年生、そして、中学校1年生から3年生までの長期にわたるいじめを受けてきました。いじめのきっかけについては、「すべてが突然、始まる。記憶のない、自分ではわからなところからいきなり始まる。ほとんどが、○○菌、汚い、くさい…と言われたことから始まりました」と語っています。

● 言葉のいじめ、無視、いやがらせ、パシリのいじめを受けて

　「言葉のいじめがほとんどでしたが、小学校3年生の時はクラスの女子7人から、無視されたり、しかとされたりしました。中学校では、いやがらせをされ、部活ではパシリをさせられた」とG子さんは語っています。

●母が学級懇談会でいじめのことを話してくれた

　G子さんは、母親と保健の先生にいじめのことを相談できたといいます。母親は、学級懇談会で、いじめのことを話題にしてくれたそうです。そのことがあって、一時、いじめが減ったそうです。

●思春期の中学校でのいじめは心のしこりとなっている

　「中学校1年から3年までの時期は、いろいろなことがわかってくる時なので、いじめられた体験は、今でも心のしこりとなっています。委員会の立候補の時もいやがらせをされたので、学校ではなるべく目立たないようにしていました。成人式にも行きたくない。だって、中学校の時には、友だちなんかいなかったし、部活の時もパシリをさせられていたし…」とG子さんは語っていました。

●伝えたいメッセージ：周囲の大人のサポートは重要です

　母が懇談会で話してくれたことで、いじめを乗り越えられたと感じています。周囲の大人のサポートは重要です。いじめの体験を通して、感じたことを次のように語っています。

　「いじめられて、しゃべれなくなる子、拒食症になってしまう子と人それぞれだと思います。その時期に他に何の要因が入るかによって、人生が変わってきてしまうと思います。昔、いじめられていた自分のままでいたら、きっと今、生きていくのは、たいへんだったろうなと思います。今、自分が生きたいように生きられるようになりました」

　いじめられている子どもたちへの応援メッセージともいえます。いじめられた体験を自分自身の成長の糧として、自分らしく生きているG子さんに心から拍手を送りたいと思います。

（4）親友・仲の良い子からのいじめ

親友だった人からの無視と言葉によるいじめ（H子さん）

　親友だったと思っていた子からのいじめは、「どうしてなんだろう」と戸惑ってしまうことでしょう。H子さんは、小学校4年生の時に、親友だと思っていた子からのいじめを受けました。

●いじめを助長するクラスの雰囲気
　無視されるいじめや、「あいつ、来ているよ！」というような言葉のいじめをH子さんは受けました。「親友だと思っていた子の突然のいじめに、どうしてこんないじめをするのか、わからなかった」とH子さんは語っています。クラスがあまりよい雰囲気ではなく、他のグループでも、意地悪な子が何人かいて、その子たちがクラスの誰かを無視するという空気があったと当時を振り返りました。

●相談できたことが、心の支えとなった
　H子さんは、親と幼稚園時代の親友、そして担任の先生にも相談したと言います。「母親は、いじめている子を知っていたので、その子の家に行って何か話してくれたようです」と語っています。母親のその行為があったので、関係も元に戻れたと言います。

●H子さんが語った「いじめを乗り越えられたヒント」
①発散することができていた。
②昔から誰とでもけっこう仲良くできるタイプだった。
③その日を楽しめばいいという考え方が良かった。
④小学校6年生の時のクラスが楽しかったので立ち直れた。
⑤物事を引きずらないで良い面を見られる。

仲の良い子が、いつの間にか友達を変えていて
疎外感を味わった事例（I子さん）

　小学校の3年生、4年生の頃の友人関係は、安定せず、希薄なのでしょうか。I子さんの事例をみてみましょう。

● **疎外感を抱くいじめとは…**
　何が原因なのかわからなくて、とても悩んだそうです。小学校に入学した時から仲の良かった子が、いつの間にか、違う子と遊んでいて、疎外されるような感じを受けたとI子さんは話しています。他の友だちともいつの間にか話さなくなって、周囲の子もI子さんをいい目で見てくれなくなったとつぶやきます。

● **親に相談できたが、学校に行くのが嫌だった**
　「小学校3年生と4年生の時、友だちとぐちゃぐちゃがあって、学校に行くのが嫌だった」とI子さんは語ります。つらかったので、親に、「○○ちゃんと話さなくなった」と相談したと言います。学校でも気まずくなったときは、親が「大丈夫？」と聞いてくれたとのことです。

● **伝えたいメッセージ：関係修復ができた時はうれしかった**
　最終的に、その友だちと仲良くなれたので、心のしこりまではいっていないとI子さんは言います。今は「そういうこともあったな」と振り返ることができるようです。
　小学校の中学年の頃は、友人関係も不安定ですが、時が経つと自然に仲良くなれることもあるようです。

（5）妬み・嫉みからのいじめ

無視、トイレに呼び出されるいじめを受けて（J子さん）

　女子の部活動でのいじめは、部員からの妬みややっかみ等が多いようです。J子さんは、中学校1年生、2年生、そして高校1年生から3年生まで、スポーツができたことで妬まれ、無視されるいじめを体験しました。

●きっかけは、1年生でレギュラーに選ばれたことから

　中学校の部活では、すぐにレギュラーに選ばれたことがきっかけで、無視されたり、トイレに呼び出されたりしたそうです。1対集団で、5人くらいの女子からいじめられたと言います。また、兄がいたため、男子の先輩とも仲良くしていて、「男ったらし」等、言われたこともあったようです。

　高校でも、スポーツで妬まれて無視されるようになり、部活を辞めてからも学年全体に広まっていくいじめだったとJ子さんは語りました。

●学校を休んだこともあった

　「中学校の時は、負けず嫌いでケンカにも自信があったので、立ち向かっていきました。そうすることで、いじめがどんどん広がってしまった」とJ子さんは語ります。高校では、「無視されたり、しかとされたり、やっぱり耐えられなくなって、2～3週間くらい学校を休みました。学校へ行っても、すぐに帰ってくる状態でした」と当時を振り返っていました。

●関与したくなさそうな教師

　「中学校の顧問の先生は、新任の先生で、心配はしていたようです」とJ子さんは言います。しかし、高校の先生は関与したくないような雰囲気で、「そんな話は聞きたくない」という印象だったとのことです。

●メル友に話せた

　親に話すと「自分で解決しなさい」という感じだったと言います。それから

は、親にはあまり相談できなかったそうです。「その頃、メールが流行っていて、メル友に相談していました」とJ子さんは言います。
　中学校では、クラスメートが助けてくれたそうです。高校では、何とか我慢しているうちに慣れてきたと語っていました。

● J子さんが語った「いじめを乗り越えられたヒント」
①忍耐力
　我慢をしていたので、「よく頑張った」と自分をほめたいとJ子さんは語っています。中学校では、いじめに立ち向かい、そのことで、いじめがどんどん広がっていった経験から、高校では「我慢する」という対処法をとったこともJ子さんのケースでは功を奏したといえます。
②周囲の援助
　中学の時のクラスメートの援助やメル友の存在など、周囲の援助によって支えられたとJ子さんは言います。

（6）正義感がきっかけで始まったいじめ

注意したことがきっかけで、いじめを受けた事例（K君）

　小学校の高学年や中学生になると、クラスがざわついている時、「静かに！」と注意をする子どもは周囲から疎んじられやすいようです。K君のケースも、正義感から出発した言動がいじめのきっかけとなってしまったようです。

● 注意したことがきっかけで始まったいじめ
　小学校5年生の時、先生が用事でクラスを空けて「自習」となったそうです。先生が教室を出た途端に、騒がしくなったので、K君は教壇の前に出て、「静かに！」と叫び、クラスが静まり返ったと言います。「そこまでは良かったのですが、その後、数週間くらい、みんなが口をきいてくれなくなりました。つらかったです。注意をしたことは後悔していないけれど、みんなと話せない状態がつらかった」とK君は語っています。

中学1年生に入学して間もない頃、クラスの中に先生の言うことをきかない生徒がいて、K君が注意をしたことがきっかけで殴り合いになったと言います。「自分のように、注意をする生徒はいなかったんですね」とK君は当時を振り返りました。

●自分の取った行動に自信を持っています
　K君は、注意をしたことで、クラスでいじめに遭ってしまいましたが、「自分は、絶対に悪いことはしていないと思っている。いじめられたことがあっても、クラスがうるさい時は、注意をしています。やっぱり、許せないことは許せないし、言わずにはいられないというのも変わらない。自分がやったことは間違っていなかったと思っています」ときっぱりと語っていました。

●いじめられた体験で成長できた
　「今だから言えるけれど、いじめられる体験もできてよかったと思う。相手のつらさや痛みがわかるようになりました。自分の体験があるからこそ、説得力も出てくると思う。小さな相談でも、ちゃんと聞くようにしています。一言で大丈夫と片づけないで、こうした方がいいよと自分なりにアドバイスをするなど、体験を糧にできていると思います」とK君は、さわやかに語っていました。

●伝えたいメッセージ：いけないことはいけないと言えるクラスにしよう
　いけないことを見逃したり、見て見ぬふりをしたりしないで、きちんと言える強さを子どもたちに養ってほしいものです。勇気を持って言うことで、クラス全体の質が高まり、子どもたちが安心して過ごすことのできる学校になります。
　K君の正義感にあふれた行動は、忘れかけた大事なことを示してくれていると感じます。

（7）いじめと犯罪の線引きが難しいいじめ

「使い走り」とお金を取られるいじめを受けて（L君）

　使い走りや金品を巻き上げるなど、いじめと犯罪の線引きが難しいケースが、近年、増加しています。お金に関することを要求されても、未成年者には何ともし難いことです。早目に大人に相談して、大きな事件に発展しないように食い止めることが必要です。

●使い走りとお金を取られるいじめは、小学校2年生の時だった

　L君がいじめを受けたのは、小学校2年生の時、中学校、高校と長期間にわたっています。小学校2年生の時は、いじめていた2人と同じクラスで、下校班が一緒でした。ガキ大将にくっ付いていた子どもからの使い走りやお金を取られる等のいじめを受けたそうです。中学と高校では、グループから外れていて疎外感を味わっていたとL君は話していました。

●お金を取られた時は、親が気づいてくれました

　いじめに遭った時、自分から相談するタイプではないL君ですが、お金を取られた時は、親が気づいて担任に話したそうです。それによって、その子たちの態度が変わるということは期待できなかったと語っています。
　「担任の先生には、つらさを受け止めてもらえなかった感じがしています」とL君は言います。つらい気持ちは、YMCA青年センターでの月1回の活動が支えとなっていたようです。

●小学校2年生のいじめ以来、疎外感を味わっている

　小学校2年生の時のいじめは、今でも心のしこりとなっていて、それ以来、毎年、疎外感を味わっていると言います。夜になると自分の部屋で一人泣いて「死にたい」と思っていたそうです。しかし、YMCAのリーダーたちの顔が浮かんできて死ねなかったと言います。

●対人関係に影を落とすいじめの影響

今でも人と関わるときに、戸惑うそうです。対人関係上でいじめの影響が出ているとL君は語ります。また、仮面をかぶった自分がいて、プライベートでは友だちと会うことはないと言います。

●いじめを乗り越えられたかどうかはわからない

いじめの体験を振り返ると、友だちに流されないようになったと語っていました。また、「いじめられている子どもたちを何とかしたいという思いがあります」と話してくれました。

●いじめを乗り越えるための処方箋

気軽に大人に相談する力をつけよう！

L君は、誰にも相談しなかった理由として「グループを崩したくなかった。言ってもよくなるとは限らないし、そのグループにいなくてはならないと思った」と語っています。

小さなことでも何かあった時には、すぐに相談するという雰囲気が家庭にあったならば、L君はどれほど楽になったことでしょう。

第2章　どうしても伝えておきたい「いじめ」のこと

いじめの本質、いじめの四層構造とその対応等
理解することは、大きな力となります！

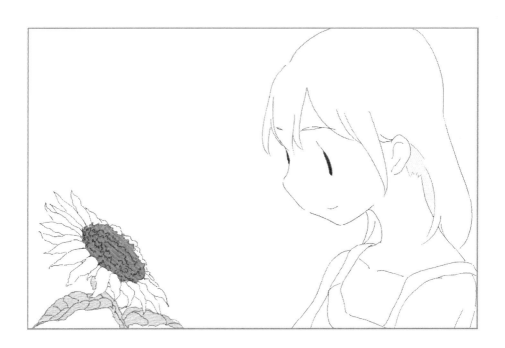

1．いじめとは
（1）いじめる理由とは、いったい、なんでしょうか

　「いじめ」とは何でしょうか。学生さんや先生方に聞いてみると、十人十色、さまざまな解釈がされています。研究者の間でも、その定義はさまざまであります。いじめる理由に至っても、人によって異なっています。

　いじめたことのある子どもたちに、いじめる理由を聞いてみました。ある子は、「気に入らなかったから…」「なんとなく、おもしろかったから…」という「ふざけ」、また、「周りがいじめているから、つい…」と同調タイプの答えなどがありました。さらに、「あいつが、他の子をいじめていたから…」等、中途半端な正義感からの言い訳や「いじめられても笑っているから…」等、個人的な感情からといった答えもありました。

　このような「ふざけ」や中途半端な言い訳等、いじめは、たわいないことがきっかけとなります。しかし、いつの間にか人を追い込み、傷つける結果となります。やがて、こうした攻撃の繰り返しの過程で、いじめる側が「集団化」し、いじめられている子は力をなくして「無力化」へと追い込まれていきます。

　「集団化」「孤立化」したいじめでは、個人的な対応は、もはや解決できません。学級担任に話して、学校全体の課題としての対応が求められる段階ですので、一刻も早く、ためらわずに、学校に連絡をしてください。たとえ、お子さんが「学校には言わないで欲しい」と訴えたとしても、伝えるべきです。

（2）保護者側と学校側の「いじめ見解」の違いをどう埋めるか

　いじめ事件を巡っての報道でも、学校側は「いじめであったとの認識はしていない」と答え、保護者側は「いじめである」と二者の見解の違いが見受けられるケースが多いものです。

　この「いじめであったかどうか」を巡って、なかなか両者の見解が一致せずに、解決に向けての共同ができない事態を招くことが少なくないのではないでしょうか。そこに「いじめ定義の難しさ」があると言えます。

　文部科学省の「いじめの定義」については、第1章の最初で触れていますが、筆者は次のような捉え方をしています。他者からはいじめとは思えないものでも「児童・生徒が、いじめである」と認識しているならば、「いじめ」と捉え

ます。つまり、「いじめ」は、「主観的な認知」によるものだと考えます。

　学校側と意見が対立してしまう場合には、文部科学省の「いじめの定義」や「いじめの捉え方」をきちんと提示しながら、対等に話し合っていくことが大事であると思います。感情論ではなく、論拠を示して、知性化を目指すことをお奨めします。

（３）学校に寄せられた保護者とのトラブル

　「いじめ」を巡る保護者とのトラブルとは、どのようなものでしょうか。奈良県教育委員会の資料から、いくつかご紹介いたします。「学校の対応が遅い」「教員に相談したが、解決してくれない」「教員の発言がいじめを助長する内容だ」「学校はいじめを深刻な問題と捉えていない」等です。いかがでしょうか。頷かれる方もおられるかもしれません。

　教員は保護者に対して、①「誠意を持って素早く対応する」、②「訴えを共感的態度で傾聴する」、③「学校に非がある場合は、率直に謝罪する」、④「経過の説明を十分に行う」等の心がけが大切と思われます。

　特に、いじめでお子さんを亡くされた遺族の方は、④の「経過の説明を十分に行う」は、最も知りたいことであると訴えています。「いったい、何が起こっていたのか」「どういう、対応がとられたのか」等、知りたいことです。やはり、誠意を持って、迅速な対応を心がけることが求められているといえます。

（４）いじめの本質

　では、「いじめの本質」に迫ってみたいと思います。いじめは、身体的攻撃、言語的攻撃、そして仲間からの排除などの「多様な形態」があります。そして、被害者と加害者の間に人数や力などの差があって、攻撃が一方向的であるといえます。さらに、1回だけということは少なく、意図的に繰り返されます。

　一番大切な視点は、「関係性の中での力の乱用」を伴っているという点です。第１章の事例でもお伝えした「クラスや部活」での集団のいじめや「親友や仲の良い子」からのいじめを思い出してください。すべて、「関係性」の中で起きているいじめです。そこでの「力の乱用」がいじめの本質であり、なんらかのアンバランスがそこにあります。

いじめ問題の大家である森田洋司氏は、いじめについて「同一集団内の相互作用過程において優位に立つ一方が、意図的に、あるいは集合的に、他方に対して精神的・身体的苦痛を与えることである」といっています（森田・清永，1986）。いじめは、被害者や加害者、個々の問題ではなく、一定の関係性のある集団の問題なのです。

（5）いじめの認知件数急増の背景

　文部科学省が発表している「児童生徒の問題行動等生徒指導上の諸問題に関する調査」では、平成18年度（認知件数は12万4,898件）から平成23年度（認知件数は7万231件）にかけて、減少傾向にありました。

　しかしながら、減少傾向にあったからと言って、手放しでは喜べないものがあります。なぜなら、加害者の「集団化」と被害者の「無力化」という諸問題の中味に着目していくことが大切になってくるからです。数字では表せない、実態はどうなのかに目を向けることが重要です。

　平成23年度の認知件数、7万231件から、平成24年度には、認知件数が19万8,108件と急増しています。ここで、この急増の背景について考えてみたいと思います。

　平成23年に起きた「大津市中2いじめ自殺事件」をきっかけに、いじめは、社会問題化したといえるでしょう。これを受けるかのように、平成25年6月28日に「いじめ防止対策推進法」が公布されたことは、画期的なことでした。これにより、いじめ防止対策に積極的に乗り出す学校が増加し、これまで、児童生徒間の「けんか」「遊び」として見過ごされてきたものが、「いじめ」と認知されるようになったようです。

　現在、いじめを認知した学校での「アンケート調査の実施」も急増しています。これまで、表に出ることがなかった「いじめ問題」が表面化した結果は、大きな意味を持っていると考えます。

（6）忘れてはいけない「大津市中2いじめ自殺事件」

　大津市中2いじめ自殺事件とは、2011（平成23）年10月11日に滋賀県大津市内の私立中学校の当時2年生の男子生徒が、いじめを苦に自宅で自殺するに

至った事件です。

複数の同級生が2011年9月29日、体育館で男子生徒の手首をはちまきで縛り、口を粘着テープで塞ぐなどの行為を行ったと報道されていました。男子生徒は、自殺前日に自殺を仄めかすメールを加害者らに送ったものの、相手にされず、10月11日、自宅マンションから飛び降り、自殺しました。

いかがでしょうか。どのような感想を持たれましたか。子どもの世界の「いじめの残忍さ」が浮き彫りにされた事件です。一人ではできないことも複数になると行動に移してしまう怖さが潜んでいます。

（7）知っておきたい「いじめ防止対策推進法」

平成25年6月28日に公布された「いじめ防止対策推進法」は、ぜひ、知っておいてほしい法律です。「いじめ防止対策推進法の公布について（通知）25文科初第430号」より、一部を抜粋いたしました。皆さんにとって、役立つものであると思います。

この法律は、「いじめが、いじめを受けた児童等の教育を受ける権利を著しく侵害し、その心身の健全な成長及び人格の形成に重大な影響を与えるのみならず、その生命又は身体に重大な危険を生じさせるおそれがあるものであることに鑑み、（中略）いじめ防止等のための対策に関する基本的な方針の策定・対策の基本となる事項を定めるものであり、公布の日から起算して3月を経過した日から施行する」とされている。

個別のいじめに対して学校が講ずべき措置として、①いじめの事実確認、②いじめを受けた児童生徒又は保護者に対する支援、③いじめを行った児童生徒に対する指導又はその保護者に対する助言について定める、いじめが犯罪行為として取り扱われるべきものであると認めるときの所管警察署との連携について定める等としています。

いじめを受けた子どもと保護者は、支援を求めることができ、守られる存在と理解できます。

（8）なぜ、中学1年はいじめの認知件数が最多なのか

　文部科学省が発表した平成23年度、平成24年度の「学年別いじめの認知件数」をみると、中学1年生が最多となっています。これは、筆者が行った「いじめの回顧法」による調査結果、「中1にいじめられた体験が最多である」という点で一致しています。

　なぜ、中学1年の「いじめの認知件数」が最多なのでしょうか。予想される要因・背景としては、「生徒が中学校生活にうまく適応できずにいるのではないか」「部活での新たな人間関係上の問題」等があげられます。さらに、小学校から中学校へと大きな環境の変化のなかで、「新しい環境の中で友人との関係の構築」にもストレスを抱えているのではないでしょうか。

　特に、中学1年の1学期は細心の注意を払いながら、「いじめの予防教育」などを行うことを学校現場にも提案したい思いで、研修会等で先生方に伝えてきました。

　上手なストレス対処法として、子どもたちが自らのストレスに気づき、生活の中でストレス軽減を図る「ストレス・マネジメント」などをお勧めいたします。「ストレス・マネジメント」については、この章でご紹介していきます。

2．いじめの四層構造といじめへの対応
（1）いじめ集団の四層構造とは

　いじめ集団の構造については、意外と知られていないようです。現場の先生方も、「実は初めて聞きました」と感想を寄せてくださったほどです。森田氏らの『教室の病』のなかで、いじめ集団の四層構造の場面は、「被害者」「加害者」「観衆」「傍観者」が存在して成り立っていると説明しています。次のような構造です。

図2-1 いじめ集団の四層構造　図：筆者作成

●いじめ解決には、観衆と傍観者へどう対応するかが大事です！

　いじめは、一定の関係性のある集団の中で起こるものです。被害者と加害者へのアプローチだけでは、解決しにくいのです。いじめ問題の解決には、「はやし立て、おもしろがっている子ども（観衆）」や、「見て見ぬふりをする子ども（傍観者）」をいかに減らしていくかにかかっています。いじめ被害の多さは、傍観者の人数と関連しているのです。

　「観衆」は、加害の中心の子どもに「同調したり、追従したりする」子どもたちです。「傍観者」は、直接的に加担はしていませんが、いじめる側からすると暗黙の了解で、支持してくれていると思ってしまうのです。

（2）いじめ被害者と加害者の特徴とは

　いじめの被害者や加害者の特徴について、多くの研究報告があります。代表的なものをご紹介いたします。まず、いじめをする児童・生徒の特徴としては、①攻撃性が強い、②罪悪感に乏しい、③我慢することが苦手、④他者の気持ちの理解がしにくい等です。

　いじめられやすい児童・生徒の特徴では、①孤立している、非協調性、②周囲に不快感を与える、③攻撃的、④内向的、⑤劣等感の強さ、⑥級友への適応の悪さ等です。

被害者、加害者の特徴を理解することは、どう対応したらよいかにつながるものです。

（3）いじめ被害者の理解と対応
①被害者の事例
●石を投げられる、口が臭い、オタク等の言葉のいじめ

　いじめの被害にあった子どもをM君とします。M君は、小学1年の時と中学3年の時にいじめられた体験を持っています。小学1年の時は、仲の良かった男子2人から石を投げられたいじめです。中学3年の時は、「口が臭い」とか、「オタク」などといった言葉によるいじめだったと言います。

●中2の時に両親が離婚、相談できる状態ではなかった

　両親は、夜中に怒鳴り合いの大喧嘩をしていて、中2の時に両親は離婚したと言います。父親に引き取られましたが、会話のない状態で、信頼できる友達もいなかったと語っています。

②被害者の心の叫び
　どうしても忘れることができない、いじめについてM君は、「小1の時に石を投げられたことが心に残っていて、友達と遊んでいても、ふと、冷めた目で見てしまうんです。どうせ、愛想つかされていなくなるんだろうな。友達は簡単に離れていきそうな気がする…」と語っています。また、「口が臭いと言われてから体臭が気になるようになって、人と話す時、3～4メートル離れていないと駄目なんです」といじめの影響も語っていました。

　そして、「人を信じたいけど怖い。自分の言葉も信じられないんです。人に心を開きやすくて、逆に深いところまで開いて嫌われることがけっこうあります」と苦しい胸の内を語っています。

③いじめられている子どもの心性
　いじめられている子どもは、「自分が悪いのではないか、自分に問題があるのではないか」と考え、「孤立感」や「無力感」を強めていくことがあります。

また、「自分は弱い人間ではないか」と感じてしまうため、周囲から「もっと強くなりなさい」等の声かけや励ましは、負担になってしまうことがあります。本人は、十分に耐えて頑張っているのです。

　いじめられている子どもは、「いじめられていることを隠したい。でも、気づいて欲しい」という、相反する状態に置かれています。いじめられていることが周囲に知られることにより、いっそう自分が惨めになってしまうのです。しかし、このまま耐えるのはつらすぎるし、できれば誰かに気づいてほしいのです。

④いじめられたことを親に言わない心理とは

　いじめられていることを親に言わないのはどのような心理からでしょうか。1つには、「心配をかけたくなかったから」という親を思う気持があります。もう一方で「いじめられていることが恥ずかしいから」という思いがあるようです。特に、思春期以降の男子は、「自己開示」に抵抗があるようです。男子の自己開示率は、極めて低いとの研究報告がたくさん、みられます。

●いじめを必死に隠すのは、「深刻化したいじめ」のサイン

　いじめを必死に隠すのは、「深刻化したいじめ」のサインです。このような状態に至る前に、周囲が気づいてあげたいものです。いじめの芽のうちに、的確な対応が求められます。保護者が、子どもの異変を察知し、気づいてあげたことで救われた事例もあります。日頃から、注意深く子どもを観察して、小さなサインも見逃さない感性が大事になってきます。

⑤知って欲しい「いじめ被害体験が及ぼす深刻な長期的影響」

　児童期や思春期にいじめられた体験は、成人した後まで長期的影響を及ぼすものです。M君のケースでは、「人間不信」「自己不信」「自己卑下」「ネガティブ思考」「疎外感」などのマイナスの影響が顕著に出ていました。

　他の事例では、「不適応状態」「対人恐怖」「不安」「用心深さ」「社会的退却傾向」等がみられました。「社会的退却傾向」は、「アパシーシンドローム」ともいわれ、「無感動」「無気力」「無関心」「無快楽」の意欲減退症候

群です。

「人間不信」「社会不安」「深刻な精神的苦痛」「情緒的不安定」「心身症」などの精神疾患やトラウマに至るケースもあります。

いじめられた体験の影響の深刻さについて、もっともっと知ってほしい思いがあります。いじめられた子どもたちは、こうした心の傷を背負いながら、その後の人生を歩むと言っても過言ではありません。心の傷をどう回復していくかは、大きな課題です。

⑥いじめ被害者への対応

いじめられている子どもは、「自分にもなおすべきところがあるのではないか」という「被害者帰属」を持ちやすいといわれています。この「被害者帰属」は、無力感を高めます。また、人に援助を求め、援助を受ける姿勢を低下させてしまう可能性があります。

しかし、いじめに遭っても、自分の側に立ってくれる仲間がいる場合は、抑うつや不安も少なく、自尊感情も高まり、仲間からも拒否されにくいという報告もあります。誰か一人でもよいので、自分の味方となってくれる存在が欲しいものです。被害者への対応ですが、まず訴えを丁寧に聴いて、事実を正確に把握することが大切です。聞くときは、本気で聴く姿勢で、つらさや苦しさを受け止めて、子どもの不安感を取り除きたいものです。

子どもには、「いつでも、あなたのことを見守っているし、あなたの味方だよ」とのメッセージを送ってみてください。かけがえのない子どもたちをしっかりと守っていきましょう。

⑦学校・家庭ぐるみでいじめを予防し、対処しよう

「いじめられた児童生徒の相談状況」（文部科学省、平成24年度）が発表されていますが、いじめられたことを「誰にも相談していない」子どもたちは、2万1,035名もいます。そうした子どもたちにとって、いじめに遭った時の「避難先」を見つけておくことは、とても大切なことです。

『今日から始める学級担任のためのアドラー心理学』の著者のお一人である佐藤丈先生（山梨県立総合教育センター勤務）は、「避難先」を書き込むカー

ド（カード①）を提案しています。被害者（カード②）、加害者（カード③）、傍観者（カード④）になってしまったとき、その出来事を書き込む方法です。このカードを持って、避難先である大人の元へ逃げていきます。カードに書くという行為だけでも、心の安定につながると佐藤先生は言います。

　手軽でいざという時の助けになるカードであると思います。誰かに相談することをためらう場合、簡潔な言葉で事実を記していくカードは有効であると感じます。ぜひ、現場で活用されてみてください。

　図は、佐藤先生の文献を参考に筆者が作成しました。

●あなたの味方になってくれそうな人や場所を書いておこう！

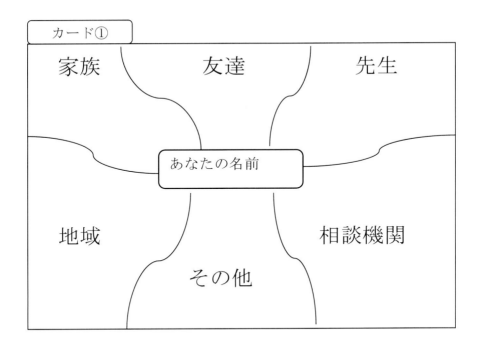

図2-2　あなたの味方を書き出そう　図：筆者作成

●いじめられたとき…

> カード② いじめられたとき・・・
> 書けるところだけでかまわない。
> 書くことであなたを守るたすけになる。
>
> ①いつ　　月　　日　　時頃
> ②どこで
> ③だれに
> ④なにをされた
> ⑤見ていた人がいるか
> ⑥それに対してどうしたか

図2-3　いじめられたとき　図：筆者作成

●いじめてしまったとき…

> カード③いじめてしまったとき・・・
> 書けるところだけでかまわない。
> 書くことであなたを守るたすけになる。
>
> ①いつ　　月　　日　　時頃
> ②どこで
> ③だれに
> ④なにをした
> ⑤見ていた人がいるか
> ⑥いっしょにした人がいるか

図2-4　いじめてしまったとき　図：筆者作成

●いじめを見たとき…

> カード④　いじめを見たとき・・・
> 書けるところだけでかまわない。
> 書くことであなたを守るたすけになる。
>
> ①いつ　　　月　　　日　　　　時頃
> ②どこで
> ③だれが、だれに
> ④なにをした
> ⑤ほかに見ていた人がいるか
> ⑥それに対してどうしたか

図2-5　いじめを見たとき　図：筆者作成

（4）観衆への理解
①観衆の事例
●運動部での1対集団のいじめ

　被害者を取り巻く観衆の問題に焦点をあてた事例として、中学1年生女子の「運動部での1対集団」のいじめをあげます。もうすぐ夏休みに入るという7月中旬頃、N子さんの携帯電話に「学校に来るな！」「死ね！」というメールが、複数の人から頻繁に届くようになりました。

　最初は無視したり、耐えたりしていましたが、限界に達し、相談室に泣きながら駆け込んできたケースです。

　中学生にとって、相談することは「チクる」ことと認識されがちで、N子さんは卑怯なことなのではないかと悩みに悩んだ末、耐え切れずに相談室にやって来ました。

　普段、とても明るく前向きな生徒さんでしたが、「携帯」に送られてくるひどい内容は、打撃が大きかったようです。

●いじめられた要因とは…
　県大会に出場選手として選ばれたことによる同じ部員からの「妬み」や「嫉み」等によるものでした。1人のボス的な存在の生徒に他の生徒が同調して、いじめが行われていたようです。
　部活の場面では、みんなが「無視」する、近くに寄ってきて「ゲラゲラ笑う」という態度を取り続けられ、そんな状況に耐えきれなかったようです。

●学校での対応
　まず、さわやか相談員からスクールカウンセラーと教育相談主任に連絡し、チーム体制を整えました。そして、担任、部活の顧問の先生方の支援も得て、細やかな指導と支援を繰り返しました。
　2学期には落ち着きが見られるようになりました。複数の人間が同じ方針のもと、共通理解を図ったことが功を奏した事例といえます。

②いじめる側が集団化する理由
　集団化は、「同調」という言葉で説明できます。同調とは、いけないと思っていることでも、他にやっている人が多いほど、「まあ、いいか」とやってしまう心の動きです。
　同調による「いじめへの加担」が集団のなかで、ある時点から否応なく加速します。大多数の黙っている子どもたちは、「傍観者」でもあるのですが、そうした子どもたちの態度が強められていきます。集団の密集性と閉鎖性が同調に影響しています。
　同調は、次なるいじめのターゲットにされないように自らの身を守っている行為ともいえます。大多数の黙っている子どもたちの態度を何とか、変えていくことが鍵となるのです。

（5）傍観者への理解
①傍観者の事例
　1対集団（水泳部の女子10人くらい）のいじめの例です。部活で1か月くらい無視や言葉のいじめが続いて、周囲は、リーダー格の生徒に従ってしまうと

いうケースでした。リーダー格の生徒がいる時といない時とで周囲が態度を変えます。いない時は、普通に接してくれているといいます。

「部活のなかで、いじめられるターゲットが次々と変わっていく、いわば、持ち回りのいじめで、自分に回ってきたという感じだ」とО子さんは、語ってくれました。「昨日まで仲のよかった子がいきなり、口をきいてくれなくなる」というのは、とても耐えがたいことです。

②立場が入れ替わるいじめ
　いじめられるのが持ち回りで、「いじめる側」に立った時もあり、「傍観する側」に立った時もあるというように、立場が入れ替わるいじめをО子さんは体験しました。

③同調傾向と同調圧力の問題
　個々の子どもたちは、「いじめはいけないことである」と学びます。しかし、クラスに「いじめを肯定する強い同調圧力」が存在した場合、被害者を守る行動に至らなくなります。
　クラス集団が「いじめをおもしろがらない」場合、いじめる側は行動の対価を失い、結果的に「いじめる気が失せていく」わけです。いかに、クラス集団の質を高めていくかがポイントになります。

(6) 観衆や傍観者への対応、両者にどう働きかけるか
　いじめは、「集団現象」であると認識することがポイントです。そして、この状況を変えていくためには、「観衆・傍観者の動き」が重要になります。
　まず、いじめを自分の問題として捉え、そして、被害者の苦しい気持ちと心を理解します。一人ひとりが、いじめの具体的な行為について、「どう受け止めたらよいか考える」、さらに、勇気を持って「正しいこと」を行動に移すというプロセスが大切です。目指すのは、質の高い集団の育成です。

●必要な４つの力
　・いじめを自分の問題として捉える気づきである「気づく力」

・いじめられた側の苦しい気持ちを理解する「共感の力」
・いじめの本質を深く考える、本質を見据える「洞察力」
・勇気を持って正しいことを行動に移す「行動力」
正しいことが受け入れられる集団・社会であってほしいものです。

（7）いじめの四層の抑うつ傾向と目撃したことによる精神的影響

　いじめの被害者のみならず、いじめを目撃した観衆や傍観者も、精神的な健康に重大な影響を受けるという研究報告があります。特に、友だちがいじめられている場合、「抑うつ」になるという報告がされています。

（8）加害者への理解と対応
①加害者の事例

　小学校1年のP君は、ゴールデン・ウィーク明けに豹変しました。席に着けなくなり、出歩き、教室から飛び出していきます。また、注意をしてもキレやすく、攻撃的な行動に出ます。教師のいない場面で、クラスメートをいじめることも増えてきました。

　P君の環境要因としては、祖母や叔母等に育てられるなど、養育者が次々と変わりました。父親は離婚し、再婚し、継母は妊娠・出産していました。父親は仕事が忙しいため、P君は放任傾向にありました。

②子どもへの見方を変えてみる

　教師が「課題のある児童」と捉えている場合、実は、子ども自身が「課題を背負わされた児童」であるという視点が大切です。教師が「困った児童」と捉えている時、子ども自身がいちばん「困っている」のです。このように、子どもを見る眼差しを変えてみると、どう支援したらよいか、ポイントをつかみやすくなります。

● 「課題を背負わされた児童」への視点の転換

　授業中に教室から飛び出したり、教師のいないところで、クラスメートをいじめてしまったり、P君は、教師からみたら「課題のある児童であり、困った

児童」です。しかし、P君自身、教室から出てしまいたい衝動、そしてクラスメートをいじめてしまう抑えられない衝動と闘っている「課題を背負わされた児童」であり、「困っている児童」なのです。

　こう考えると、どうでしょう。子どもをみる視点が変わり、子どもに肯定的なメッセージを伝えることができるようになります。

教師：「教室を飛び出してしまいたいくらい、嫌なことがあったのかな。よかったら、話してみて…」
Ｐ君：「妹が生まれて、パパも妹のことばかり可愛がっていて、さびしいんだ」
教師：「そうだったのね。さびしかったんだね」
Ｐ君：「うん、さびしかった…」
教師」「何かできることあるかな…」

　「教室を飛び出す」という不適切な行動ばかりに目がいってしまうものですが、教室を飛び出してしまうＰ君の「目的」に思いを寄せてみると、「さびしかったんだね」と肯定する気持ちがわいてくるものです。教師とＰくんの関係も改善されて、事態の改善にもつながります。

●アドラー心理学に出会い、子どもの見方が変わっていく！
　現場で奮闘している時に、「アドラー心理学」に出会っていたら、ずいぶんと指導も楽であっただろうと思います。子どもたちにとっても、それは、幸せであったはずです。

③「いま、ここで何ができるのか？」の問い
　児童・生徒理解に役立つ「アドアー心理学」をお伝えします。子どもの不適切な行動ばかりに注目していませんか。「いま、ここで何ができるのか」を考えられる、お勧めの２冊をご紹介いたします。
　１冊は、『子どもを勇気づける教師になろう』岩井俊憲氏・永藤かおる氏著、もう１冊は、『今日から始める学級担任のためのアドラー心理学』会沢信彦氏・岩井俊憲氏編著です。

● もつれた糸をほぐすように、打つ手がみえる！

　岩井氏は、著書のなかで、「いま、ここで何ができるのか？」の問いによって、もつれた糸をほぐすように、打つ手がみえると言っています。たとえば、いじめっ子に対して「あの子の生育上の問題は…」「この子の家庭環境は…」と調べても、成育歴も家庭環境も変えることは不可能です。

　そこで、「いま、ここで何ができるのか？」と問い、現在から近未来でできる可能性を模索するほうが有益であるのです。岩井氏は、アドラー心理学の理論を簡素化した文章公式を用いると、子どもの行動をみるユニークな視点が芽生えると言います。

● 現場で適応できる文章公式

　子どもは、ある状況で特定の人（相手役）に対して、ある目的（意図）を持って行動する。

　岩井氏の公式を使うと、「子どもは、授業中、教師に対して、注意を引こうと教室を飛び出す」となります。

　いかがでしょうか。子どもの目的が、「注意を引くこと」にあったのかと思えたら、次の指導が見えてきませんか。

④子どもの不適切な行動の４つの目標

　『学級担任のためのアドラー心理学』から、子どもの不適切な行動の４つの目標について説明していきます。子どもの不適切な行動の４つの目標の１つ目は、「注目・関心を引く」、２つ目は、「権力争いをする」、３つ目は、「復讐する」、４つ目は、「無気力・無能力を誇示する」です。教室での問題行動において、相手役として想定されるのは教師です。相手役である教師がその不適切な行動を前にしたときに抱く感情によって、その目標が判別できると考えています**（表２－１　参照）**。「注目・関心を引く」という子どもの目標に対して、教師は、いらいらします。「権力争いをする」という子どもの目標に対しては、教師は腹が立ちます。そして、「復讐する」という子どもの目標に対しては、教師は傷つきます。「無気力・無能力を誇示する」という子どもの目標に対しては、教師はあきらめます。

表2−1　子どもの不適切な行動の4つの目標　表：筆者作成

こどもの不適切な行動	教師の抱く感情
①注目・関心を引く	教師はいらいらする
いたずら、目立つこと、教師のお気に入りになって注目・関心を引こうとする。	多くの教師は、つい注意をしたり、叱ったりすることが多くなる。子どもとの関係が徐々に悪化していく。
不適切な行動には過度に注目せず、適切な行動を勇気づける	
「そんな不適切な行動を起こさなくても、君には居場所があるんだよ。筆者は君の存在を大切に思っているし、君はこのクラスにとって必要な存在なんだよ」というメッセージを投げかける。	
②権力争いをする	教師は腹が立つ
教師への反抗、指示に従わない。	多くの教師は権力争いに巻き込まれ、子どもとの関係をさらに悪化させる。
争いの舞台から身を引く	
権力争いに巻き込まれず、むしろ教師が先に争いの舞台から身を引く。教師は、権力闘争の段階で引き起こされる「怒りの感情」に気付き、それをコントロールする術を身につける。	
③復讐する	教師は傷つく
直接相手を傷つける、他児や器物に危害を加える。	子どもと教師との関係は極度に悪化。修復のためには第三者の関与が必要。
教師は子どもと自分自身の傷つきの両方に対処する	
子どもの前ではどっしりと構え、どんな小さな事柄でも子どもの適切な行動に目を向ける。普段から、ストレス対処法を身に付けておく。	
④無気力・無能力を誇示する	教師はあきらめる
課題に取り組まない、他者と関わろうとしない、不登校、引きこもり。	「これまで、さんざん手を尽くしたのだが…。もうだめだ」。
将来の可能性を信じてあきらめない	
子どもが現在、どんな困難な状況にあっても、将来の可能性を信じて、決してあきらめない。些細なことでも子どもの良い点を見出し、勇気づけをしていく。	

表2-1は、『学級担任のためのアドラー心理学』会沢信彦氏、岩井俊憲氏編著、図書文化（p27～30, p39～42）を引用し、筆者が作成しました。

アドラー心理学では、子どもにとってのもっとも基本的な欲求は、「集団の中で居場所を確保したい」「大切な存在であると認められたい」という所属欲求であると考えます。

子どもが「所属欲求が満たされていない」と感じるとやむを得ず不適切な行動を起こすのだとされています。教室での問題行動の際の相手役として想定されるのは教師です。相手役である教師がその不適切な行動を前にしたときに抱く感情によって、その目標が判別できると考えています。

「子どもの不適切な行動」と「教師の抱く感情」を知ることで、冷静な対応ができるようになります。詳しくは、『今日から始める学級担任のためのアドラー心理学』会沢信彦氏・岩井俊憲氏編著をご覧ください。

⑤加害者は本当に他者理解能力が低いのか

加害者は、本当に他者の気持ちを理解しにくいのでしょうか。サットンらの研究報告では「いじめの加害の中心者は、他者の心を理解する能力が低くない」ことを示唆しています。

他の研究では「他者の気持ちの理解が高度にできているがゆえに、巧妙な痛めつけ方ができるのではないか」とも述べられています。精神科医である中井氏は「加害者が傍若無人なのは見せ掛けであって、加害者は最初から最後まで世論を気にしている」と指摘しています。

⑥加害者への対応

教師の加害者への対応として、いじめ行為は「命にかかわる重大なこと」であることに「気づき」を促し、毅然とした態度で指導することが大切です。また、同時に、いじめられた者の苦しみや心の痛みに「気づかせる」ことも必要です。教師として「いじめの背後に潜むもの」を理解しておくことも大切です。人間形成の歪み、また、自己表現の乏しさ、自己存在感が持てない不満、さらにストレスを解消できない不満、そして対人関係の未熟さなどが潜んでいます。

「自己表現の乏しさ」に対しては、アサーショントレーニング、「自己存在感がもてない不満」に対しては、クラスのなかで「居場所をつくる」ことが大切でしょう。ストレスを解消できない不満に対しては、「ストレス・マネジメント教育」に期待できそうです。さらに、「対人関係の未熟さ」については、ＳＳＴ（ソーシャル・スキル・トレーニング）が効果的です。

【アサーショントレーニングとは】
　自分のことも相手のことも大切にした率直な自己表現のことで、相手に威圧的でなく、直接的に自分の考えや気持ちを伝えることです。

（９）学校全体としての取り組みの構築と醸成を！
　いじめ問題は、担任の先生一人で抱え込まないで、学校全体の課題として取り組むことが大切です。管理職、教員、養護教諭、そして、スクールカウンセラー、スクールソーシャルワーカー、相談員がそれぞれの専門性を認め合い、「他職種」とのほどよいバランスを保ちながら、連携していくことが大切です。

（10）大人がいじめに取り組む時の５か条と対応
　阪根健二先生は、「大人のいじめ対応姿勢５か条」というものを掲げています。第６条は筆者が追加しました。
　第１条：いじめられっ子に非なし（どんな場合でもいじめられっ子に寄り添う）
　第２条：周辺こそがいじめの元凶（いじめる子よりも周りの子への働きかけが必要）
　第３条：昨日とちょっとした様子の変化こそ発見の決め手（深刻な時ほど、子どもは訴えない）
　第４条：いじめの輪から新たな輪へ（既存の集団と異なる新しい集団や世代を提供する）
　第５条：いじめっ子だって泣いている（いじめる子の抱えるストレスにも目を向けて）
　第６条：筆者案（教師だって傷ついている；教師の心のケアも大事です）

3．いじめ予防・防止への取り組み
（1）日本の学校における主な「いじめ予防教育」

日本における主な「いじめ予防教育」には、ソーシャル・スキル・トレーニング、構成的グループ・エンカウンター、ピア・サポート、ピア・メディエーション、ストレス・マネジメント法、サクセスフル・セルフ、怒りのコントロール法などが挙げられます。簡単に説明します。

●ソーシャル・スキル・トレーニング

問題行動を予防し、健全な社会性を育成するために用いられるようになってきています。認知的な側面にモデリング、リハーサル、スキル・トレーニング（行動化）の技量を重視するものです。子どもたちに、ソーシャルスキルの概念を教示して、行動に移させるものです。たとえば、仲間に受け入れられるために必要な知識や方法を教え、知識を行動にどのような活用すればよいか、行動の調節の仕方などを伝えていきます。

●構成的グループ・エンカウンター

グループ体験から「ふれあい」と「自己発見」を通して、参加者の行動の変容を目標とし、人間的成長を目的としています。そのプロセスは次の通りです。
・ステップ１：リーダーによるインストラクション（デモンストレーションをして参加者に示すこともあります）。
・ステップ２：参加者によるエクササイズ（心理教育的な体験学習の課題のこと）。エクササイズを通して、自己開示をすることにより、自分や他者の本音に気づき、触れ合うことが可能になります。
　　　　　　ねらい：自己理解、自己受容、自己表現・自己主張、感受性、信頼体験、役割遂行。
・ステップ３：参加者によるシェアリング。
・ステップ４：リーダーによる介入。

●ピア・サポート

比較的、近い年代や同じような経験の共感性を生かしたソーシャル・サポー

トです。1990年代にわが国に導入された当初は、「いじめ問題解決」のためのサポート育成からスタートしています。

●ピア・メディエーション
　「メディエーション」とは、「仲裁」を意味します。ピア・メディエーションは、大人が行うのではなく、仲間が行うことを目指すものです。
　ピア・メディエーションには、「ＡＬＳ（アルス）の法則」というものがあります。手順として、まず、けんか等の当事者が、仲間が仲裁に入ることに合意します。この合意が「agree」です。次に、互いの言い分を邪魔しないで傾聴します。傾聴は、「listen」です。最後に解決志向の話し合いを目指すことを約束します。これが、解決「solution」です。

●ストレス・マネジメント法
　子ども自ら、ストレス反応を低減することが「ストレス・マネジメント教育」です。定義は「ストレスに対する自己コントロール能力を育成するための教育援助の理論と実践」となります。

●サクセスフル・セルフ
　児童生徒が「自己理解」及び「他者理解」を深め、自己コントロール、学校生活に対する適応力、ほどよい人間関係、自己効力感が向上することを目的としています。うつ等の心理的問題やいじめ等の行動上の問題の予防にも役立ち、社会の中で自分らしく生きていくことを目指すものです。

●怒りのコントロール法
　怒りに対する反応の第一段階として、落ち着いて冷静になるための怒りのコントロール法があります。深呼吸、カウントダウン法、自己会話、心地よいイメージを提示し、実際にロールプレイする等が挙げられます。
・テンカウント法：怒りが湧いてカッとしたら、ゆっくりと「息を吐く、吸う」を繰り返しながら、10まで数える。その間に理性が働き出し、冷静さを取り戻していくというものです。

- バルコニー法： バルコニーから下を眺めるように、一歩離れて高所から怒っている自分を見ているもう一人の自分を作るというものです。「今、怒るとみっともない」「相手に嫌なことがあったに違いない」といった意見をもう一人の自分が発することで、怒りを客観的に見られれば、怒りが覚めてくるというものです。
- ステージ転換法：適当な理由を見つけて怒りの対象となっている相手の前から姿を消し、他の場所に移動します。違う動作をする間に気分が変わるというものです。
- 「にもかかわらず」のスマイル法：腹が立ったにもかかわらず、とにかくニコッと笑ってみます。表情を動かすことに大脳が集中し、楽しい表情を浮かべた時の感情に変わると言われています。

（2）いじめ防止への取り組み
①ピア・サポート実践

　学校でのピア・サポート活動は、子どもたちが孤独感に悩まないように、そして、気軽に相談できるように、同世代の子どもたちが、その目的に応じてトレーニングを受けて、大人の最小限の支えのもとで支援を行う活動です。

　ピア・サポート活動は、1990年にわが国に導入されました。当初は、「いじめ問題解決」のためのサポーター育成から手掛けられました。

　静岡県の藤枝市では、小中学校全体で、「子どもが安心して学べる学校づくり」をテーマに、ピア・サポート活動に取り組んでいました。その成果として、いじめの認知件数、および不登校児童生徒も減少してきていると報告されています。学校におけるピア・サポートは、仲間関係づくりやいじめ予防・対策として、また、最近では子どもたちの学校づくりへの参加意識、学校内の支え合いの風土を作るために行われていることが多くみられます。

　ピア・サポートの課題としては、トレーニングする側の力量が問われることが挙げられます。また、子どもの予想外の反応に対するコメントの難しさなど、支援の限界も視野に入れながら、学校の状況に応じて取り組むことが大事だと思います。

●ピア・サポート実践研究の紹介（一部）
・「小学校低学年におけるピア・サポートに関する実践的研究」岡山県教育センター　研究紀要　第263号
・「学校におけるピア・サポート活動」広島県立教育センター
・「ピア・サポートを実践して」附属函館中学校　林潤子
・「ピア・サポート活動実践事例集」藤枝市
・「特別な教育的ニーズ（ＳＮＥ）とピア・サポート　－経験の類似性・同世代性・訓練の度合い－」特別なニーズ教育とインテグレーション学会『ＳＮＥジャーナル』第8巻,pp.99-117,2002.10.森定薫・戸田有一

②ストレス・マネジメント教育

　なぜ、ストレス・マネジメントが重要なのでしょうか。そこには、「いじめ」との関係があります。いじめを受けている子どもも、いじめている子どもも、ストレスを抱えています。さらに、観衆も傍観者もストレスを感じています。ここにストレス・マネジメント教育の必要性があります。

　子ども自らが、ストレス反応を低減することが「ストレス・マネジメント教育」です。兵庫県立教育研修所・心の教育総合センターでは、学年に応じた「いじめ防止教育」の開発を行い、いじめ防止授業に取り入れています。

　ストレス・マネジメント教育の定義は、「ストレスに対する自己コントロール能力を育成するための教育援助の理論と実践」です。

●ストレス・マネジメント教育の４段階
・第一段階：ストレス概念を知る段階です。ストレスの定義や種類、ストレスを引き起こす原因などについて児童・生徒に理解させます。ストレスとの上手な付き合い方を学び、ストレスには、有益なものもあることも伝えます。有益なストレスとは、「何かにチャレンジする時に感じる軽い興奮」などです。
・第二段階：自分のストレス反応に気づく段階です。第一段階における理解をもとに、自分自身が抱えているストレスについて振り返ります。どんな時に、嫌だなと思うのか。どんな時に、プレッシャーを感

　　　　　じるのかを知る段階です。
・第三段階：ストレス対処法を習得する段階です。児童生徒が各自で行っているストレス対処法を尊重しながら、ストレス・マネジメントの技法を伝え、実際に体験させる段階です。この段階では、イメージ呼吸法により、身体のなかのイライラなどの気持ちを吐き出していきます。肩のリラクセーション、弛緩法（緊張－力を抜く）なども学びます。
・第四段階：ストレス対処法を活用する段階です。体験したストレス対処法を実生活のなかで活用します。

引用文献：ストレス・マネジメント教育を生かした「いじめ防止授業」に関する研究　黒河内雅典

③サクセスフル・セルフ

　サクセスフル・セルフは、「児童生徒が自己理解及び他者理解を深め、自己コントロール、学校生活に対する適応力、ほどよい人間関係、自己効力感が向上し、うつなどの心理的問題やいじめなどの行動上の問題を予防し、社会の中で自分らしく生きていくことを目標」とするとし、全ての小中学生が対象となります。

　岡山大学大学院の安藤美華代准教授が「サクセスフル・セルフ」の研究をされています。

●サクセスフル・セルフの13のテーマ
1. 友だち関係構築1：仲間について知ろう
2. 自分らしく生きよう：成功していく自分への道
3. 自分を好きになろう
4. 友だち関係の構築2：友だち関係について考えよう
5. 困難な状況での対人関係：セルフチェックしてみよう
6. 人間関係を磨こう1：対話をしてみよう

7. 人間関係を磨こう２：適切に自己主張しよう
8. 人間関係を磨こう３：「私は」で始めるコミュニケーション
9. 問題への対処と解決１：気持ちを考えよう
10. 問題への対処と解決２：問題を解決しよう
11. 問題への対処と解決３：ロールプレイ
12. 意思決定：何が起こるか考えてから行動しよう
13. ストレスと自己コントロール

　安藤美華代准教授は、実施、効果、そして課題について次のように述べています。
　実施については、年間13レッスンを計画しており、１レッスン、45分～50分をかけます。学校全体で取り組み、学級単位で実施することを推奨しています。進め方は、①個別活動、②グループ活動、③ロールプレイ、④全体共有となります。
　効果をあげたレッスンは、４・５年生では、「自己理解のレッスン」「問題への対処解決レッスン」です。６年生では、「自己理解のレッスン」、中学生では、「自己理解のレッスン」「コミュニケーションに関するレッスン」という結果を得ています。
　課題については、活動時間の確保が難しい点と研修を受ける機会が少ない点をあげています。まずは、「サクセスフル・セルフ」に関心を持って、慣れ親しむことが大切とのことです。

引用文献：『世界の学校予防教育』山崎勝之、戸田有一、渡辺弥生編著　金子書房，2013．p.308

（３）安心と居場所のある学校・学級づくり

　安心と居場所のある学校・学級づくりは、筆者の目指す理想の教育の姿です。特に、子どもと学校をつなぐ糸、「ソーシャル・ボンド理論」が大切だと思います。「ソーシャル・ボンド理論」は、アメリカの社会学者であるＴ・ハーシが提唱した理論です。

> 自分にとって「意味あるもの」という認識が「意味づけの糸」となり、人々を引きつける。「学校が意味あるもの」となり、「学校への意味づけ」がたくさんあればあるほど、その「意味づけの糸」は「意味づけの束」となる。

　いじめ問題を考えるとき、いじめは個人の問題ではなく、集団の問題であるという視点が大事です。子どもたちのいじめ問題は、大人社会の反映でもあるのではないでしょうか。観衆・傍観者へのアプローチとして、また、学校全体の課題として集団の質をどう高めていくのかに取り組むことが大切です。

　また、担任一人で抱えこまず、スクールソーシャルワークのアプローチを取り入れてほしいと考えます。学校・家庭・地域をつないで、子どもを取り巻く環境調整を行う「スクールソーシャルワーカー」の活用が求められています。

　さらに、「ソーシャル・ボンド理論」として、子どもと学校をつなぐ糸を太く束ねていき、「市民性教育」として、子どもに社会の一員としての「出番・役割・承認」を与えることが重要です。地域での異世代交流の参加、社会体験活動、そして、社会教育と学校教育の連携強化が今、まさに求められています。

第３章　不登校生への支援と対応の実際

◆相談員として　◆スクールソーシャルワーカーとして

１．知っていますか？　学校の中にいる「専門家」

　学校の中には、子どもたちを支援するスクールカウンセラー、学校相談員、そして、スクールソーシャルワーカー等がいます。現場にいる先生もこれらの職種の役割分担がよくわかっていない現状があります。そこで、簡単に各々の役割分担をお伝えします。

　「スクールカウンセラー」は、子どもの心理面のケア、個人の心と行動に関することを扱います。「学校相談員」は、子どもの悩みを聴いて情報収集を行い、教員やスクールカウンセラーの補助的な役割を担っています。「スクールソーシャルワーカー」は、子どもを取り巻く家庭環境に働きかけ、福祉的・医療的なケアも含めての相談活動をします。「つなぐ仕事」「出かける仕事」「環境に働きかける仕事」といえます。

　いかがでしょうか。イメージできましたか。筆者は、小学校の教諭として11年間の教師生活にピリオドを打ってから、さわやか相談員、学校心理士、そして、スクールソーシャルワーカーとして相談活動に従事しました。特に、スクールソーシャルワークの視点の１つでもある「対等性」を大切にしました。教員は、子どもや保護者への「指導」という縦の関係性が強く感じられます。また、「相談員」は先生方やスクールカウンセラーの「補助的役割」という、これも縦の関係が感じられます。しかし、スクールソーシャルワーカーは、教員とも対等な視点に立って話し合い、子どもや保護者とも「対等性」の関係を大事にします。

　この章では、主に「憧れのさわやか相談員」になって見えてきたこと、次に「スクールソーシャルワーク」についてお話します。続いて、「不登校生支援」の実際として、さわやか相談員とスクールソーシャルワーカーとしての不登校生支援について記していきます。

２．憧れの「さわやか相談員」になって

　小学校の教員を辞めてから、一度はやってみたかった仕事が「さわやか相談員」でした。しかし、いつも、募集の時期を見逃していたり、講師業をしていたりとタイミングが合いませんでした。何年間も中学校の「さわやか相談室」へ熱い思いを寄せていました。そんな折、公募の時期にも間に合い、採用試験

を受けて合格に至った時は、たいへん嬉しかったです。

　筆者は、「相談室経営」に夢を描いていました。相談室は心の居場所として、和んで、癒される場にしたいと思っていました。観葉植物を置いたり、心に響く絵本や童話をそろえたりしたい…。生徒に悩みがあるときは、いつでも駆け込んで来てほしいし、しっかり聴いてあげたい…。そんな想いがふくらんでいました。

　4月1日、中学校の「さわやか相談員」として着任しました。小学校の教員をしていた筆者には、中学生がずいぶんと大人に見え、ちょっと怖い感じがしました。

　4月8日の始業式で、相談員からの挨拶の機会が設けられていました。親しみを持ってもらおうと「亀田です。亀田のあられで覚えてくださいね」と自己紹介してみました。その後、筆者が出没する場面、場面で、どこからともなく、「あられちゃんだ〜」の声や「亀田のあられ、おせんべい」のメロディーが聞こえます。中学生には、少しずつ、相談員が認知されていったようです。

　相談室は、昼休みと放課後に解放されています。昼休みになると、職員室の前をバタバタと音を立てながら、相談室に走ってやって来る中2男子の生徒の姿がありました。エネルギーが有り余っている男子が、外遊びをしないで相談室にやってくるのは不思議な光景ともいえます。

　生徒たちは、相談室の床に、だらだらと寝そべります。「眠い…」「疲れた」「もう、やだよ〜」とそれぞれにつぶやきます。大人が考える以上に思春期の子どもたちは、精神的に多忙で過活動です。

　男子生徒のなかには、折り紙が得意な子がいます。折り紙の本を見て難しい動物などもすいすいと折っていきます。また、男子生徒はコラージュも好んでいました。大きな模造紙に、おのおのが雑誌や新聞の切り抜きをして、好きな場所に貼っていきます。

　教室に居場所のない子どもたちが、1人で相談室に訪れるケースも多かったです。友達がいないことは、中学生にとってかなりつらいものです。そんな時に、相談室は心の居場所となります。相談員とおしゃべりしたり、好きなお絵かきをしたりして昼休みを過ごします。

　相談室にたくさんの男子生徒が行くために、学年の先生は心配になったよう

です。相談室に交代で学年の先生方がやってきます。可愛い自分のクラスの生徒が相談室でくつろいでいることに、担任とすると合点がいかないようです。また、外部から入ってくる「見知らぬ相談員」に対する警戒もあったのかもしれません。

「さわやか相談員」の応募資格には、「教育に熱心であること」は謳われていても、資格は一切触れられていません。不安になるのも当然かもしれません。ある懇親会の席で先生に言われた言葉が忘れられません。「あなた方に、子どもたちの発達がわかるんですか。子どもたちの何がわかるんですか」というニュアンスです。ショックは隠しきれませんでしたが、先生たちはそんな思いで「相談員」を見ているというのが現実でした。

3．知って欲しいスクールソーシャルワークについて

スクールソーシャルワーク（ＳＳＷ）は、2008年の4月にスタートしたばかりの新しい仕事です。2008年度は「スクールソーシャルワーカー元年」と呼ばれています。2008年度から2年間の経過措置を設け、スクールソーシャルワーカーの有効性を検討しました。国内141地域の公立小・中学校にスクールソーシャルワーカーが配置されたのです。

（1）スクールソーシャルワーカー導入の背景

スクールソーシャルワーカー導入の背景について述べます。教育現場は、いじめ問題、不登校そして児童虐待と児童生徒の問題について極めて憂慮すべき状況にあり、教育上の大きな課題を抱えていたからです。また、教育現場では、リストカット、引きこもり、対人不安、発達障害、摂食障害、思春期うつ病などの思春期危機や精神疾患等のメンタルヘルスに関する問題が浮上してきていたことにもよります。こうした児童生徒が抱える複雑多様化した問題への解決を文部科学省がスクールソーシャルワーカーに期待しているわけです。

子どもたちを取り巻く環境は大きく変化し、学校現場での対応困難な事象が増加している現状に対して、学校・家庭・地域の連携が叫ばれています。個々の関係者が抱え込まない立場を超えたコーディネーターの存在がスクールソーシャルワーカーでもあります。

ソーシャルワークの代表的な定義ですが、「個人とその人を取り巻く環境との間の相互利用を構成する社会関係に焦点をあてた活動によって、単独または、集団内の個人の社会機能を強化しようとするもの」(W. Boehm)とされています。少々、分かりにくいかもしれません。

　そこで、「スクールソーシャルワーカー」がどんな活動をするのかを説明してみます。スクールソーシャルワーカーの仕事は、子どもを取り巻く環境に対して働きかけていく仕事といえます。学校、家庭、地域など、子どもに関わるすべての背景を視野に入れて、子どもを取り巻く環境の改善を図っていきます。端的に表現すると「環境に働きかける仕事」であり、「つなぐ仕事」、そして「出かける仕事」といえます。スクールソーシャルワーカーは、学校と連携して、必要に応じて問題を抱える子どもとその家庭に働きかけます。生活改善や登校に向けての環境調整や条件整備に取り組む仕事です。

　スクールソーシャルワーカーの活動は、3つのレベルに整理されます。まず、ミクロレベルですが、これは、子ども・保護者・教員等に対する相談・支援といえます。次に、メゾレベルとして、学校内におけるチーム体制の構築・支援、ケース会議の実施などです。3つ目のマクロレベルでは、学校を含めた教育行政システムの構築として、関係機関とのネットワークの構築などがあげられます。

（2）社会福祉を学ぶ学生に人気のスクールソーシャルワーカー

　短大や大学で講義を担当していると、スクールソーシャルワーカーになりたいという学生さんに出会います。「先生、スクールソーシャルワーカーにどうしたらなれるんですか。私も将来、なりたいんです」

　そんな声をたくさん耳にしました。筆者の場合は、小学校教諭11年間の経験や、さわやか相談室勤務の経験など教育現場をよく知っていたこと、また、社会福祉士や精神保健福祉士の資格や大学院で社会福祉学を修めていたこともあり、スクールソーシャルワーカーの仕事につながったのかもしれません。スクールソーシャルワーカーは、教育分野の知識と社会福祉等の専門的な知識・技能を用いて、子どもの置かれた環境に働きかける仕事です。社会福祉士や精神保健福祉士を持っていることと教育分野の知識を持って、熱意のある人が求められるといえるでしょう。

4．不登校生支援の実際

(1)さわやか相談員としての不登校生支援

　相談室は、さまざまな理由から教室に行けない子どもたちの居場所となっています。教室に復帰するまでの心の居場所と架け橋でもあります。

　Q子さんは2年生です。1年生の3学期から学校に登校できなくなりました。4月8日の始業式に学校に登校できるかどうかは、大切な分岐点になります。そこで、担任、スクールカウンセラー、教育相談主任、そして相談員でどんな働きかけができるかを検討しました。まずは、元担任からの電話かけできっかけを作り、始業式に誘います。残念ながらQ子さんは始業式に学校に登校できませんでした。

　Q子さんが相談室にやって来たのは、始業式から2週間ほど経ってからでした。恐る恐る相談室のドアをノックします。上履きを履かずに、白のソックスでやって来たのが印象的でした。Q子さんの不安そうな態度が真っ先に伝わってきました。相談室には、さわやか相談員の筆者と、ボランティア相談員が1名います。私たち相談員は、簡単な自己紹介をして、相談室に来たことを労いました。これからどうしたいのか、どういう形であれば、学校に来られるのかを負担のない範囲で聴いて確認しました。

　不登校に陥ってしまった子どもの対応には細心の留意を払います。不登校生は、心に葛藤を抱えながら、日々、自己と対峙し、周囲にも並々ならぬエネルギーを費やしているといえます。

　1年間の関わりのなかで、Q子さんの興味関心がどこにあるのか、引っ掛かりがなく、手の中から、すり抜けていくような感じの生徒でした。ただ、分かったことは1年生の3学期に、いじめられた体験があり、それ以来、クラスに行けなくなったということです。

● 2年間の相談室登校について

　2年生の1学期は相談室登校もまばらでしたが、2学期は徐々に登校日数も安定をみせるようになりました。相談員との信頼関係を築き始めた2学期後半に、

不登校に至った原因は「いじめ」にあると自ら語るようになったのです。3学期には、母親と担任、相談員とで面談を実施し、3年生に向けての共通認識を図ることができました。母親は教室復帰を望んでいましたが、Q子さんは「相談室登校のままでいたい」と語りました。

　3年生になると、少しずつ、教室で授業を受けるように担任からの促しがありましたが、拒否感は強かったように感じます。2学期になって初めて教室で授業を受けたり、給食を食べたりすることができるようになりました。Q子さんにとって大きな進歩でした。

　3年生は、進路を決める大事な時期です。担任が相談室に来て、Q子さんに話すことも増えてきました。3年生のメインイベントの卒業式の練習にも時々、参加することができました。卒業式当日は、式に出席して卒業証書を手にしました。その姿を見て、2年間の支援を振り返り、感動の涙が溢れてきました。

●支援を振り返って

　Q子さんの支援について疑問に残っていることを挙げてみました。
・担任が教室に引っ張る手をもの凄い力で拒絶するQ子さんの姿が物語るものとは、いったい何だったのだろうか。
・Q子さんにとって「教室」は心地よいものではなかったのではないか。
・相談室に登校することの意味は、Q子さんにとってなんだったのだろうか。
・母親が「行け」というから相談室登校するのか、出席日数を増やすためだけなのか。
・Q子さんは「相談室登校についてどう考えているのか」「どうしたいのか」。
・Q子さんの個性、持ち味、長所は何か。彼女の強みは何か。アセスメントは十分だったのだろうか。
・Q子さんにとって、本当の意味での「自己決定」だったのだろうか。
・教員、相談員、保護者の自己満足に終わってはいないか。

　相談室の役割とは何なのでしょうか。その後、筆者は相談員としての支援を振り返り、不登校生で悩む保護者の方にパネリストとして語る機会に恵まれました。

(2) 学校に行かないという1つの選択

　平成25年9月24日にアクシス春日部に於いて「学校に行かないことを選択した子どもたちへの支援」というテーマで、筆者はパネリストとして参加させて頂く機会を得ました。改めて、相談室登校生の支援や不登校について考える機会となりました。

　シンポジウムの記録から、ご紹介いたします。

● 2年間の支援を振り返って良かった点

　Q子さんの興味・関心を探るスタンスを取ったことです。他者から関心を持ってもらえることは、自分の存在を認めてもらえることにもつながり、やがては、他者への信頼感も生まれるものです。

● 信頼関係の構築

　相談室という物的環境、相談員という人的環境、さらに、毎日、相談室に相談員がいるという状況は信頼関係を築く基盤となりえます。そして、温かく見守る姿勢が、Q子さんとの信頼関係を築き、相談室が"心の居場所"となったのではないかと思います。

● 配慮が必要だったと思われる点

　2年生の3学期の面談が、本人不在であった点、そして、保護者とQ子さんとの「相談室登校への考え方」にズレが見られた点です。ここは、Q子さんと保護者が、「不登校」という課題に対してきちんと向き合う良い機会であったと思います。

　Q子さんは、教室に行くことに強い拒否感を示していました。無理な刺激は逆効果です。先生の熱意に応えられないQ子さんがいました。

　Q子さんの心のなかで起きていることを考えてみました。Q子さんは、教室に行くことの不安、皆が自分をどう見るかという不安でいっぱいだったことでしょう。そして、親や先生から教室に行くように言われており、それに従いた

いけれど、教室には行きたくない葛藤で揺れ続けていたと思われます。さらに、嫌な教室に居なければならないことは、苦痛以外のなにものでもありません。
　Q子さんの心には、常に重圧がかかり、押しつぶされそうな状態だったと思います。苦しい思いをしてまで、教室に居る意味はあるのでしょうか。

―不登校生の支援のポイントとして大切にしたいこと―

●学校、教室に行くことの意味を子ども自身が捉え直してみる
　子どもにとって、どんな意味を持つのか、じっくりと考えることが大切だと思われます。

●選択肢を増やしてみましょう
①教室に行けない場合、相談室登校、保健室登校もあるでしょう。
②学校に行かないという選択もあるでしょう。
③フリースクールに通うという選択もあります。
④転校する、海外の学校へ行くという選択もあります。

　子ども自身が悩まないで、苦しまないで、学校に行かないという選択肢もぜひ、残しておいて欲しいと考えます。

●子どもの自己決定を大切に…
　子どもが「何をしたいのか」「どう生きていきたいのか」をじっくりと聴いてください。そして、自分自身の決定に責任を持たせることも大切になってきます。
　また、不登校だからこそできることに着目することも大事です。これは、ヒューマンギルドの研修会で知った情報になります。ある不登校になった男の子は、パソコンを独学で学び、今では、パソコンを作る側になったそうです。子どもの適性や才能を信じた素晴らしい事例かと思います。
　ある女の子は、学校が合わないため、親子で話し合い、転校を決意します。そこで、世界が広がります。「キッザニア」との出会いです。将来、こうなり

たいと夢に向かって努力する姿は、とても活き活きしています。

　不登校であることのメリットは、子どもだけではありません。親としての成長の機会でもあります。素晴らしい「親育て」なのです。不登校のお子さんが家の留守番をしてくれたために、お母さんがさまざまな勉強会やセミナーに参加し、そのことをきっかけに、不登校専門のカウンセラーになった方もいます。

　不登校は、見方を変えたら、たくさんの可能性があるのです。不登校であったためのメリットもあることをお伝えしたいと思います。

(3) スクールソーシャルワーカーとしての不登校生支援

●まずは、環境調整から　－お母さんへの元気づけ－

　不登校になってしまったからといって、スクールソーシャルワーカーが入ってくれるわけではありません。学校側からの依頼により、初めて活動が開始となります。この事例は、小学校2年生の女児とのスクールソーシャルワーカーとしての関わりです。

　不登校になった要因として、「クラスの男の子が授業中、うるさくてクラスにいたくない」ということがあげられました。担任、教育相談主任、そしてスクールソーシャルワーカーとでケース会議を開いて、どのような支援をしていったらよいかを話し合います。

　まず、初めに相談員とスクールソーシャルワーカーとで家庭を訪問し、ご挨拶に伺いました。子どもと保護者との「出会い」の一歩です。子どもを主体として、保護者、相談員とスクールソーシャルワーカーとで「今後、どのようにしていくか」について検討します。

　話し合いの結果、「学校に行き、少しでもよいのでクラスで過ごす」ということを目標にしました。朝、10時半頃に、スクールソーシャルワーカーが自宅へ行き、本人の気持ちを最優先に学校に行くか否かを決定してもらいます。過度な登校刺激にならないように長期の目標を見据えておきます。

　R子ちゃんは、自宅でハムスターを飼っています。ハムスターが大好きです。ハムスターの話題になると生き生きと目を輝かせて語ります。朝、スクールソーシャルワーカーがR子ちゃんに声かけして登校することが決まると、学校に着

くまでの５〜６分間、ハムスターの会話で盛り上がります。興味・関心にスクールソーシャルワーカーとしても心を寄せていくことが、支援に功を奏することを学びました。

　Ｒ子ちゃんは、スクールソーシャルワーカーが勤務日となる週２日から、お母さんの協力も得て、週３〜４日ほど学校に通えるようになりました。クラスで授業を受けて、給食を食べます。５時間目、授業に参加できる時は参加し、できない時は、スクールソーシャルワーカーと一緒に下校します。だんだんと慣れていくと学年の下校班で下校できるようになったのです。

　支援のなかで工夫した点として、「登校がんばりシート」を作成したことが挙げられます。登校できた日は、シールを貼っていきます。１週間が経つと保護者の方にも「登校がんばりシート」を見てもらいながら、学校の様子を伝えます。できるようになったことや、友達との交流などを丁寧に伝えていきました。

●支援を振り返って

　支援に対して、Ｒ子ちゃんの適応能力はかなり高かったように感じました。けっして学校が嫌いなわけではなく、登校に向けての条件が整わないために、本人の持っている力では、無理があったようです。

　母親は、人と接することが苦手なため、人と関わらなくてよい、夜の時間帯の仕事を選んでいました。仕事の時間の都合上、どうしても登校させる時間帯に母親が起きられずに、Ｒ子ちゃんも寝ていることが多かったようです。Ｒ子ちゃんは登校の準備もままならず、登校できない状態だったのです。

　本事例のように、子どもへの支援は環境調整が必要となります。それは、保護者自身の環境調整でもあります。支援当初、母親は無表情で口数も少なかったのですが、時間をかけて丁寧に関わっていくうちに、スクールソーシャルワーカーに笑顔を見せて挨拶をするように変化していきました。

　担任の先生は、１回も保護者会に顔を出したことのなかった母親が、保護者会に参加したことに驚いていました。学校での様子がわかると、母親も安心し、参加してみたいという気持ちがわき起こったのかもしれません。

　Ｒ子ちゃんが学校を休んだ日に、クラスからのお便りと共に、筆者の手作り

の折り紙の作品を手渡した時、母親はポタポタ涙を流して喜びを噛みしめていました。人との温かな関わりの中で、母親は柔和な表情となり、感情の表出がしやすくなっていったようです。スクールソーシャルワーカーとしても「やりがい」を実感できた瞬間です。

あれから、月日が流れて、小学2年生だったR子ちゃんは、今、中学生です。元気に登校できていることを信じています。どんな中学生になっているのか想像するとわくわくします。

きめ細やかな支援が、じわりじわりと浸透していったケースだったように思います。

5．理想の相談室を目指して

(1)もっと柔軟に開かれた相談室を目指して

　保護者の方から、中学校や小学校のなかにある「相談室」は、「敷居が高くて、利用しにくい」という声が寄せられています。「担任の先生の了解を得ないといけないんでしょうか」「担任の先生に話がいってしまうのではないんでしょうか」と不安を抱えている保護者の方も多いものです。

　さて、子どもたちにとって、相談室はどのような存在なのでしょうか。ある学生さんは、当時の相談室を次のように語っています。

　「中学校に相談室はあったけど、誰も使っていない感じ。奥まったところにあって、ちょっと薄気味悪い感じでした。ドアは閉まっていて入りにくかった。暗かったし。登校拒否の子が使うみたいな感じでした」。

　また、こんな声もあります。「小学校に相談室がありました。あまり利用されている感じではなく、暗い感じで行きにくかった。中学校のことはよく覚えてないんですけど、先生とは距離があって相談しにくかった。みんな、友だちや母親に相談して解決していたように思う」。

　別の学生さんは「小学校はなかったけれど、中学校にはあった。昼休みと放課後、開いていた気がする。相談室には、あまり力を入れている感じではなかった」と語っています。

　当時の相談室について語ってもらいましたが、「相談室は、暗いイメージがあって、行きにくく、あまり利用されていなかった」という感想が共通しています。保護者の方にとっても、子どもたちにとっても、利用しやすい風通しのよい相談室を目指したいものです。

●不登校になってしまったＳ子さんの事例

　中学１年生のＳ子さんは、昼休みになると頻繁に相談室に訪れます。時折、「相談室登校したい…」と訴えていました。理由を聞いてみると「先生が嫌い。勉強がわからない。友だちができない…」と言います。１か月経つか経たないうちに、Ｓ子さんは徐々に言葉遣いが荒くなり、髪の毛が茶髪になっていきま

した。

　ある日の「教育相談部会」で、S子さんについて話題になりました。筆者は、S子さんの相談室での様子とS子さんが相談室登校したいと訴えていることを伝えましたが、S子さんの思いはそう簡単には叶えられません。

　相談員の役割は教師の補助的役割であって、情報収集し、担任やスクールカウンセラーに情報を提供することです。子どもの訴えを聴いて受容しても、すぐさま反映されるものではないのです。

　S子さんは2学期半ばから、学校に来なくなり、3学期には登校しぶりの状態から「不登校」となってしまいました。学校という枠組みのなかで、相談員として子どもの気持ちに寄り添った支援がいかに難しいか、思い知らされた事例です。

● **スクールソーシャルワークが必要な理由**

　担任とは違った立場で、保護者と会って話をしていくなかで、信頼関係を築いていける立場にあるのが、「スクールソーシャルワーカー」です。保護者と学校、そして、子どもと教師をつなぐ「スクールソーシャルワーカー」の活用により、保護者の考えや子どもの気持ちを正確に聴き取り、学校や教師に伝えていくことができるのです。

● **子どもと親とが、じっくりと課題に向き合う大切さ**

　起こっている問題に対して、子どもと親とが、早期にタイミングを逃すことなく、じっくりと向き合うことが大切です。子ども自身が、どうしたいのか、親はそれに対して、どう考えているのか。粘り強く、とことん話し合うことが必要です。

● **学校の中にある相談室の現状**

　相談室登校となるまでには、いくつかの段階を踏む必要があります。本人の意志、そして保護者の同意、担任の意向、教育相談部会や学年の意向を総合して判断され、決定に至ります。生徒が相談室で過ごしたいと意志があっても、すぐに叶うものではないのです。

● 生徒にとって相談室は安心できる場所なのか…

　相談室で話したことは、担任や他の先生に知られてしまうのではないかという思いが、少なからず生徒にはあるようです。生徒は、話して良いかどうかを探っているとも思えます。中学生にとって「相談」が意味するものを考えていくと、日常的に発生する悩みや課題は、家族や友達に話すことでたいていは解決できると考えられます。しかし、学校の中で起こった課題に対して、相談することは勇気のいることのようです。

(2) 子どもの才能を発見して子どもが輝く瞬間を！

　中学2年生のT君は、2学期から相談室登校になりました。父親、弟、そしてT君の3人暮らしです。相談室に来ると、制服のまま床に寝転んでそのまま寝入ってしまうことも度々ありました。さわやか相談員の筆者が話しかけても「うざい」という態度を取り続けます。

　学習意欲はなく、計算ドリルと漢字練習が主な課題です。いつも、「やりたくね〜」を連呼します。「社会に出た時に、必要なことだから頑張ろう！」と励ましてみますが、ものの5分で飽きてしまいます。

● T君の才能の発見！

　ところが、ある時、T君の才能を見つけました。創作活動が見事なのです。紙粘土を使って動物を作り、また、新聞紙を用いて大きな動物を作ります。その熱中ぶりはすばらしいものです。筆者は、T君の作品を飾っておくコーナーを作り、絵などはスクラップしました。T君の瞳が輝き出した瞬間です。

　家のことも少しずつ話すようになりました。T君は、自分で夕飯を作ることもあるそうです。ある夜、サンマを焼いたのですが、焦がしてしまったようです。その焦げたサンマを猫がどこかへ持っていってしまったと、やや悔しそうに語っていました。

● 給食で交流を図る！

　当時の相談室には、総勢10名くらいの相談室登校生がいました。大きな円卓

を囲んで、給食をみんなで食べます。ある時、3年生の女子が、「T君も一緒に食べられるといいね」と言ったことがきっかけとなって、T君も一緒に食事を摂るようになりました。相談室登校生同士の交流を経て、少しずつ心を開いていくようになります。大人の相談員が無理して介入するより、同じ仲間からの声掛けや応援は、大きな力となります。

●ひとりじゃないよ。大丈夫！
　人と人が、つながる感覚は、大きな意味を持ちます。「一人じゃない！何とかなる。大丈夫」と思えると、相談室は「心の居場所」となるようです。

●支援の3つのポイントとは…
①子どもの良い面、得意な面を見つけて伸ばしていきます。
②相談員が真剣に生徒と向き合うことで、生徒も心を開きます。
③「ここに居ていいんだ」という「心の居場所」を提供します。

6．思春期を生きる子どもたちの理解と対応

　平成22年2月19日、越谷市立中央中学校の新1年生の保護者を対象に行った講演「中学校生活を迎えるにあたっての保護者の皆様の心構え」の講演記録からお伝えしていきます。将来、教育・福祉分野に携わりたいと考えている学生さん、そして現場の先生方にも思春期を生きる子どもたちの理解を深められ、実際の対応にぜひ、生かして頂けたら幸いです。

（1）思春期の子どもたちの特徴

　思春期の子どもたちは、心理的にたいへん多忙です。男の子も女の子も、異性への関心に目覚めます。好きな人のことを考えて、勉強も上の空なんてこともありえます。さらに、部活の人間関係も悩みの1つかもしれません。

●子どもの一番の不安と悩みは「勉強について」
　勉強のことだって、大きな関心事でしょう。大人が考える以上に思春期の子どもたちは悩みも多く、たいへんです。中学生が、「疲れた〜」を連発するのも

納得できます。横浜市が行った「中学生の不安と悩み」の調査結果があります。子どもたちの一番の不安と悩みは、「勉強について」です。65.8%もの子どもが回答しています。続いて、62.8%の子どもたちが「将来や進路について」の不安を抱え、悩んでいます。保護者には、何も考えていないように映っても、実は、将来や進路について考えているのです。

　また、驚くことに、「自分の性格や癖について」の悩みは35.2%、「顔や体型」について悩んでいる子どもは、34.4%にも達します。このことから、子どもたちの発達特性を理解することで、少し子育てが楽になるかもしれないということがいえます。

●成長スパート
　思春期は、身体的な成熟、いわゆる「第二次性徴」を迎え、「成長スパート」として短期間に急激な変化を遂げます。性の発達や身体の変化に伴い、「精神的に不安定」になります。成長の加速現象も起こります。思春期の子どもの体格は年々向上し、性徴の生じる時期が早くなっています。また、身体的な変化に伴う心理的な反応も複雑です。自己像や性的な役割に大きな影響を与えます。

　「性的成熟」に対して、男子と女子とでは認識が異なります。男子は性的成熟に対して、「自信につながる」と肯定的であるのに対して、女子は否定的で性的成熟に対して揺れ動く、アンビバレントな状態に置かれます。自分が女性になっていくことを受け入れらない子どももいます。そのため、自分を「おれ！」「ぼく」と呼ぶ、スカートは絶対にはかないといったことが子どもの状態として現れます。

●自己意識
　思春期は、自己意識が高まります。また、内省力も増します。そして自分の表面へのこだわりが出てきます。思春期は、自立と葛藤の中で揺れ、自信がないために他者の視線を必要以上に気にします。仲間を求めても、その関係のなかで、「疎外感」「孤立感」に襲われることがあります。可能性が高いゆえに「挫折」も多いといえます。思春期がたいへん、苦しい時期であることは確かです。エリクソンは、思春期と青年期の発達課題を「アイディンティティ（自我同一

性）の確立」といっています。アイディンティティとは、過去の自分、現在の自分、未来の自分とが連なって生きているという感覚です。こうした課題をうまくクリアできるか否かで、その後人生の「生きやすさ・生きにくさ」に関わってくるとしています。

（2）思春期の子どもたちへの対応の４つのヒント

　思春期はまた、母親から心理的に自立する時期でもあり、その自立には「葛藤」や「痛み」も伴います。「急に怒り出し、暴言を吐く」という場面に出会うこともあるかと思います。今までずっと、いい子でいたのに、この急激とも思える変化に戸惑うことでしょう。このような行動の背景には、ちゃんとした「要因」があります。

①感情をコントロールしにくい思春期

　ヒントの１つ目として、感情のコントロールがしにくい思春期と理解してください。思春期は激しい葛藤が渦巻き、さらに、体の成長そのものへの不安、戸惑いがあります。たいへん感情をコントロールしにくい時期であり、心と体のアンバランスの「ギャップ」は怒りとなり、コントロールできずに、爆発するというわけです。これも、成長の一過程と捉えて精神的にサポートしていくことが大切です。

②叱咤激励は逆効果

　ヒントの２つ目として、「叱咤激励は逆効果！」とお伝えしたいです。「勉強もやる気がなく、何だか、ぼんやりしているけれど…、大丈夫かしら…」といった保護者の方からの相談も多いものです。男の子は、男性ホルモンの急激な上昇の時期であり、これは脳の変化に関係しているといわれています。女の子は、体がだるくなる、イライラしやすいなどの兆候が現れます。思春期は、気分が落ち込みやすく、ストレスを感じやすいものです。そのような理由から、「勉強しなくちゃダメでしょ！頑張りなさい」との叱咤激励は逆効果となりやすいのです。言いたくなってしまうところを、ぐっと我慢して少し見守ることも時には必要なのです。

③正面から子どもと向き合う

　ヒントの３つ目として「正面から子どもと向き合う」ことをお薦めます。この時期の子どもたちは、親や先生を代表する大人や社会への反発が頂点に達する時期です。その反発は２通りあります。１つは、自然な成長のプロセスとして「反発」が現れるものです。もう１つは、それまで積み重ねられた「心のトラブル」が表面化して現れるパターンです。「正面から子どもと向き合う、何があっても逃げない、ごまかさない」という毅然とした態度が求められています。

④子どもとの適度な距離を保つ

　ヒントの４つ目として、「子どもとの適度な距離を保つ」ことが大切になるかと思います。思春期には、自分の世界を持ち、内的世界への侵入を嫌う傾向があります。特に、異性への関心も高まり、性への興味も増すでしょう。インターネットにある有害情報へのアクセスで悩まれる保護者の方も多いかもしれません。性のこともオープンに語れる風通しの良さが大事でしょう。また、「子どもの秘密に過度に深入りしない！」という配慮が求められるようです。思春期の子どもたちと適度な距離を保ち、よりよい関係を築いてください。

（３）「生」に関する気がかりな子どもたち

　「生」に関する気がかりな子どもたちが陥りやすいサイクルとして、リストカットなどの自傷行為に至るケースが挙げられます。

　まず、「周囲から支えられていない」と感じると子どもは、「孤立化」し、自信が持てなくなります。不安感が高まり、抑うつ状態に陥ります。そして、自暴自棄になり、攻撃性が負の方向へ向き、自分を傷つける行為に至ります。

　かっとなるなど、「怒り」が表面化することは実は、精神保健上たいへん重要なことです。家庭でしか吐き出せない感情もあります。「吐き出しＢＯＸ」なるものを活用するのもよいでしょう。声に出すのがいやなら、メモに書きとめて、「ポイ！と捨てる！」など有効です。

　「思春期のお子さんへの対応」について「言うは易く行うは難し」だと思います。子どもたちは、体は成長しても、まだまだ、甘えたい心理状態におかれています。中学生男子でも気がつけば、「お母さんの膝を枕にテレビを見てい

る！」という光景も珍しいことではありません。お子さんの安全基地となってください。精神的に動揺の激しい時期です。お母さんからの「大丈夫だよ」と肯定的なコメントでお子さんを支えてください。子どもの気持ちに寄り添うことで、きっと、親子関係もよくなることと思います。

（4）思春期の子どもたちと向き合う中学校の先生

筆者が中学校の相談室勤務のなかで感じた「中学校の教員像」について、お伝えします。適切な表現でない場合もあるかもしれません。ご了承ください。

中学校の教員は、強気に突っ張って子どもに接するイメージがあります。自信を持っているとも言い換えられるかもしれません。思春期の子どもたちは、分析力や批判力が高まる傾向があるので、教師への指摘も容赦なく行います。教師によっては、子どもからの指摘に反発するタイプの先生もいる反面、自信を無くしてしまう先生もいます。常に戦闘モードの教師、もしくは、自信喪失で傷つきやすい教師が存在するでしょう。

思春期は激しい葛藤が渦巻き、さらに、体の成長そのものへの不安、戸惑いがあります。そうした子どもたちに毎日接している教師は、その不安定さの影響を少なからず受けてしまうものです。中学校の教師は、うつ等による休職が高いというデータもあります。

中学校の先生方は、多忙のなか、必死に走っているイメージがあります。また、プライドもあり、悩みを開示することも少なく、孤独に仕事をこなしているように映ります。一方で、「自信に満ちている」「専門性を持っている」「物事に動じない強さ」等のプラス面も感じられます。

（5）ストレスを抱えて頑張っている先生方へ

平成23年12月24日に文部科学省から発表されたデータでは、うつなど心の病で平成23年度中に休職した教員は5,274人と報告されています。休職者の61％にあたる教員が「精神疾患」を理由としています。心の病を訴える教員の数は、3年前の平成22年度の5,458人が最多です。

平成23年10月に文部科学省が発表した「教職員のメンタルヘルス対策について（中間発表）」をみますと、学校種別では、特に中学校の教諭の割合が高

く、増加傾向にあるようです。また、年代別では40歳代の割合が高いとのことです。

新規採用の若手教員では、条件付採用期間中に病気で離職した教員のうち9割以上が精神疾患によるものです（平成22年度、新卒病気離職者101人中91人）。教員は対人援助職であり、感情労働そのものです。子どもや保護者への対応が適切かどうか不安を抱きながら対応している教員も多く、自分自身の努力に対する周りからの肯定的な評価やフィードバックが得られにくいことから、燃え尽きてしまうこともあると指摘されています。

うつ病になった先生の事例をご紹介します。

36歳の女性教諭は、4月から小学校5年生のクラスの担任になりました。子どもたちのなかには、授業中に外に出て行ってしまう子ども、注意するといっそう強く反抗するなどの子どもたちがいました。クラスの雰囲気の荒れが気になり、「学級崩壊」の文字が頭から離れなくなってしまったそうです。

ある保護者から、「わが子がその子たちからいじめられている」という訴えもあり、「誠意をもって対応したつもりなのに、一方的に責められ、担任として自分が信頼されていない」と感じてしまったそうです。そして、うつ病に至ってしまったという経緯です。

現在、教職員に対するメンタルヘルスケア対策が早急に進められています。既存のプログラムを活用しながら、教員生活を充実させて欲しいと願います。自身のメンタルヘルスに留意をしながら、「頑張りすぎない」、「抱え込まない」ことが大事だと思います。

4章　児童虐待

― 今、伝えたいこと ―

１．虐待死のニュースから

広島県で起きた虐待死のニュースです。自宅で、小学校５年の長女Ｕ子さんに暴行を加えて、死亡させたとして、母親（28）が逮捕されました。この日、母親は「娘の様子がおかしい」と交番の警官に告げたと報じられています。Ｕ子さんは、病院に搬送されましたが、間もなく死亡したそうです。

●しつけのために殴った

母親の容疑は、「傷害致死」です。「娘が嘘をつくので、しつけのために殴った。30分くらい暴行した。やり過ぎた」と供述していたようです。Ｕ子さんの頭を殴るのに使ったのは、「練習用ゴルフクラブ」でした。死因は、後頭部くも膜下出血で、脳挫傷による出血性ショック死です。

【考えてみましょう】

「しつけのため」といい、30分もの間暴行をし続けてしまう状態、コントロールを失ってしまう状態をどのように抑制したらよいのでしょうか。

●子どもは乳児院〜児童養護施設へ

母親は高校を中退後、17歳でＵ子さんを出産します。しかし、３か月後に離婚に至ります。母親は、自分で育てることができなかったため、Ｕ子さんは、生後５か月で乳児院に入ります。その後、Ｕ子さんは、母親のみならず、祖母からも虐待を受けていた事実が分かりました。2009年に、Ｕ子さんは児童養護施設へ入所します。2011年には家に戻りますが、母親から日常的な虐待を受けていました。

【考えてみましょう】

家庭は、Ｕ子さんを迎え入れられる状況だったといえるのでしょうか。児童相談所は、何を基準に家庭復帰への措置を取ったのでしょうか。疑問に感じることは、どのような点でしょうか。

２．虐待死の現状
●47事例の虐待死亡事例
　平成21年4月から平成22年3月までで厚生労働省が把握している「虐待死亡事例」は47事例（49人）に上ります。死亡した子どもの年齢は、3歳以下が38人で約8割を占めています。主な虐待死の種類は、身体的虐待29人、ネグレクト19人という結果で、近年、ネグレクトとは増加傾向にあります。ネグレクトは、「保護の怠慢」「育児放棄」です。主たる加害者は、実母が23人、実父が6人、実母と実父が6人です。

●加害の動機とは
　加害の動機については「子どもの存在の拒否・否定」10人、「しつけのつもり」と「保護を怠る」が共に8人、「泣き止まないことに苛立ったため」5人という調査結果が報告されています。

●死亡した子どもの生育歴とは
　死亡した子どもの生育歴は、「望まない妊娠・計画していない妊娠」11人、「母子健康手帳の未発行」9人、「低体重」8人という調査結果でした。子どもの疾患・障害については、身体発育の遅れや、身体疾患、知的発達の遅れなども該当しています。

●虐待死させてしまう保護者側の側面チェック項目
　虐待死させてしまう保護者側の側面として、いくつかのチェック項目があります。下記に示しました。
・保護者等に精神的疾患がある、あるいは強い抑うつ状態である。
・妊娠の届出が出されていない。
・母子健康手帳が未発行である。
・特別の事情がないのにも関わらず中絶を希望している。
・医師、助産師が立ち会わないで自宅等で出産した。
・妊婦健診が未受診である。
　（途中から受診しなくなった場合も含む）

・妊産婦等との連絡が取れない。
　（途中から関係が変化した場合も含む）
・乳幼児にかかる健診が未受診である。
　（途中から受診しなくなった場合も含む）
・子どもを保護してほしい等、保護者等が自ら相談してくる。
・虐待が疑われるにもかかわらず保護者等が虐待を否定する。
・過去に心中の未遂がある。
・訪問等をしても子どもに会わせてもらえない。
・双子を含む複数人の子どもがいる。
　引用文献：厚生労働省把握（H21.4～H22.3）

３．虐待ってなんだろう

　虐待からイメージすることは、どんなことでしょうか。虐待は、「abuse」という英語の訳です。この「abuse」には、虐待の他に、乱用、悪用、誤用という意味があり、つまり「普通とは違った、もしくは正しくない使い方」という意味になります。広辞苑では、虐待を「むごく取り扱うこと。残酷な待遇」としています。児童虐待は、4つに分類されています。①身体的虐待、②性的虐待、③ネグレクト、④心理的虐待の4つです。

４．児童虐待の定義とは

　平成 12 年に施行された「児童虐待の防止等に関する法律」（以下「児童虐待防止法」という）の第2条において「児童虐待の定義」が掲げられています。

　この法律において、「児童虐待」とは、保護者（親権を行う者、未成年後見人その他の者で、児童を現に監護するものをいう。以下同じ。）がその監護する児童（十八歳に満たない者をいう。以下同じ。）に対し、<u>次に掲げる行為をすることをいう。一．児童の身体に外傷が生じ、又は生じるおそれのある暴行を加えること。二．児童にわいせつな行為をすること又は児童をしてわいせつな行為をさせること。三．児童の心身の正常な発達を妨げるような著しい減食又は長時間の放置、その他の保護者としての監護を著しく怠ること。四．

児童に著しい心理的外傷を与える言動を行うこと。と規定している。

● 平成 16 年改正について

　尚、平成 16 年（2004 年）の「児童虐待の防止等に関する法律の一部を改正する法律」では、第 2 条中の「対し、次に掲げる行為をすること」を「<u>ついて行う次に掲げる行為</u>」に改めています。その他、改められたものについては<u>下線</u>を付けておきます。

　この法律において、「児童虐待」とは、保護者（親権を行う者、未成年後見人その他の者で、児童を現に監護するものをいう。以下同じ。）がその監護する児童（十八歳に満たない者をいう。以下同じ。）<u>について行う次に掲げる行為</u>をいう。

　一．児童の身体に外傷が生じ、又は生じるおそれのある暴行を加えること。
二．児童にわいせつな行為をすること又は児童をしてわいせつな行為をさせること。三．児童の心身の正常な発達を妨げるような著しい減食又は長時間の放置、<u>保護者以外の同居人による前二号又は次号に掲げる行為と同様の行為の放置その他の保護者としての監護を著しく怠ること。四．児童に対する著しい暴言又は著しく拒絶的な対応、児童が同居する家庭における配偶者に対する暴力（配偶者（婚姻の届出をしていないが、事実上婚姻関係と同様の事情にある者を含む。）の身体に対する不法な攻撃であって生命又は身体に危害を及ぼすもの及びこれに準ずる心身に有害な影響を及ぼす言動をいう。）その他の児童に著しい心理的外傷を与える言動を行うこと。</u>としている。

　児童虐待は子どもに対する「しつけ」と類似の行為と思われやすのですが、「しつけ」とは明らかに異なるものです。虐待は、身体の発育・知的発達も阻害し、情緒面の問題と世代間連鎖を引き起こすともいわれています。

５．虐待を発見したら、どこへ通告したらよいの？

　児童虐待の通告は、すべての国民に課せられた義務です。児童福祉法第 25 条

の規定に基づき、児童虐待を受けたと思われる児童を発見した場合、すべての国民に通告する義務が定められています。また、児童虐待防止法第5条においても、虐待を受けたと思われる児童を発見した者に通告義務を課しています。通告すべき場所は、市町村や福祉事務所、もしくは児童相談所が該当します。

6．虐待の4つの種類

　4つの種類の虐待を簡潔に述べると下記のようになります。

● **身体的虐待**：児童の身体に外傷が生じ、又は生じるおそれのある暴行を加えること、生命に危険のある暴行を加えることです。たとえば、殴る、蹴る、突き飛ばすなどの暴力やタバコの火やアイロンを押しつける等が該当します。

● **性的虐待**：児童にわいせつな行為をする、させる、または、性的関係をもつことです。たとえば、子どもへの性交、性的行為の強要、性器や性交を見せるなどです。いずれもの行為についても子どもが同意していたとしても虐待です。

● **ネグレクト（養育の放棄または怠慢）**：児童の心身の正常な発達を妨げるような著しい減食又は長時間の放置、保護者以外の同居人による虐待行為の放置、その他の保護者としての監護を著しく怠ることです。たとえば、食事を与えない、風呂に入れないなど、日常生活の世話を怠る、子どもにとって必要な情緒的欲求に応えていない等が該当します。

● **心理的虐待**：著しい暴言または著しく拒絶的な対応、同居する家庭における配偶者に対する暴言などで、子どもに著しい心理的外傷を与える言動を行うことです。たとえば、言葉による脅しや強迫、罵声を浴びせる、子どもの自尊心を傷つけるような言動、子どもを無視する、拒否的な態度をとる、ほかの兄弟と著しく差別する等が当てはまります。

7．「しつけ」と「虐待」の違い

　実際に子育てをしている保護者のなかには、自分がしている行為が「しつけ」なのか、「虐待」なのか、どちらに該当するのかわからないと言っている方もい

ます。罪悪感を抱きながら、子育てをしているお母さんも少なくないようです。
　「しつけ」は保護者側の行為ですが、「虐待」は、子どもが受けた体験であり、子どもの心や体に傷を残してしまう行為です。
　「しつけ」は生活習慣や人との関わる力など自立していくための道筋を親が示していく行為です。しつけでは、子どもは自分の意見や考えを自由に言えることができます。また、保護者は子どもの意志を尊重しようとします。
　「虐待」は身体の発育や知的発達を阻害し、情緒面の問題も現れてきます。虐待では子どもは自分の意見や考えを言えません。保護者は子どもの意志を無視しがちです。

　虐待としつけの違いについて、保護者の方にはこれらの視点から「ご自身の行為を振り返ってみては、いかがでしょうか」と講義等で話しています。

8．体罰の６つの問題性
　広辞苑によると、体罰は「身体に直接に苦痛を与える罰」と記されています。体罰は、今、社会問題となっています。なぜ、叩くなどの体罰は良くないとされているのでしょうか。
　第１に体罰は大人の感情のはけ口であることが多いのです。第２として、体罰は子どもに恐怖感を与えることで、子どもの言動をコントロールする方法であるといえます。第３に、体罰は即効性があります。それを使うことで他のしつけの方法が分からなくなってしまうのです。第４に、体罰はしばしばエスカレートします。歯止めがきかなくなる危険性をはらんでいます。第５に、体罰は体罰を見ている他の子どもにも深い心理的ダメージを与えています。第６に、体罰は時として、取り返しのつかない事故を引き起こす可能性があります。

9．虐待を受ける子どもの特徴
　虐待が子どもに与える影響は身体的影響のみならず、認知的発達への影響、および情緒的影響が指摘されています。精神面への影響も計り知れないと思われます。
　少し古いデータになりますが、横浜市の1999年度の調査によれば、被虐待児

396人について、「被虐待児の要因」として、「問題行動あり」（12.6%）、「親との分離体験」（5.6%）、「その他」（5.3%）、「望まれずに出生」（4.8%）、「知的発達の遅れや障害」（4.8%）、「特になし」（47.5%）という結果が報告されています。

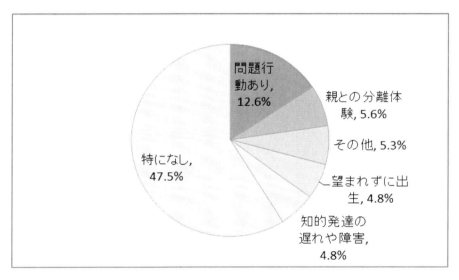

図4－1　虐待を受ける子どもの特徴　図：筆者作成

　虐待を受けた子どもの虐待のエピソード以前の特徴として、周産期や乳児期の疾病、未熟児もしくは低体重出産等が親からの虐待になるといわれています。

10. 虐待による心理的影響

　横浜市の調査（1999）では、「虐待による心理的影響」として、最も多いのが「不安・怯え」（22.7%）、次に、「非社会的問題行動（登校拒否・かん黙など）」（7.1%）です。続いて、「反社会的問題行動（非行）」（4.3%）、「そのほかの精神症状や問題行動」（6.3%）、「知的発達の遅れ」（4.5%）、「特になし・不明」（48.7%）となっています。これらのことから、その内容は「非特異的」であり「多様」であるともいえます。

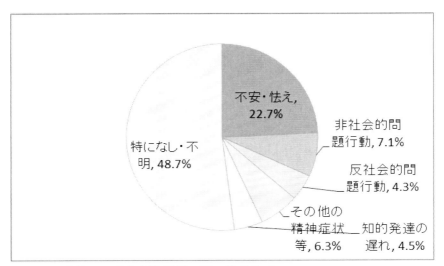

図4-2 虐待による心理的影響　図：筆者作成

　奥山真紀子氏（1999）の研究では、「被虐待児の精神症状は非特異的であり、あらゆる可能性が含まれる」とし、①発達上の問題と②心的外傷（トラウマ）による問題に分けてその内容を紹介しています。発達上の問題としては、自己抑制能力の低下、体験の切り離し、自己の連続性の低下などを指摘しています。心的外傷の問題については、虐待は多かれ少なかれトラウマになり、トラウマへの反応の典型がPTSDという略語で呼ばれる心的外傷後ストレス障害であるといいます。

11. 虐待を受けた子どもの脳とは

　M., H., Teicherら（2006）の研究によれば、最近では脳科学の進歩により虐待を受けた子どもの脳は形態学的にも不可逆的な傷害を受けることが報告されています。子どもの脳は身体的な経験を通して発達しており、この決定的に重要な時期に虐待を受けると、厳しいストレスの衝撃が脳の構造や機能に消すことのできない傷を刻みつけてしまうといいます。

　いわば脳というハードウエアの傷であり、虐待を受けると、子どもの脳では分子レベルの神経生物学的な反応がいくつか起き、これが、神経の発達に不可

逆的な影響を及ぼしてしまうそうです。結果として、他人の不幸を喜ぶ世界でも生き抜ける様に脳を変えてしまうわけです。これは、ホルモンの量が変化し、子どもの脳の配線をかえてしまうという過酷な環境に対する適応反応とも捉えられると報告しています。

12. 主たる虐待者の心身の状況

「主たる虐待者の生育歴」として、「ひとり親家庭」「被虐待体験」「両親不和」などが浮かびあがりますが、「特になし」が約2割、「不明」が4割にのぼっています。つまり、約6割は特徴的生育歴が明らかでないといえます。また、児童虐待調査研究会の調査結果では、親が自分の受けた養育と同質のものを自分の子どもに繰り返す割合は20％から34％となっているということが報告されています。横浜市が2000年に「主たる虐待者の心身の状況」として、298人を対象に調査を行っています。その結果は、「人格障害の疑い」（13.8％）、「神経症またはその疑い」（9.4％）、「精神病またはその疑い」（6.7％）、「アルコール依存症」（6.4％）、「その他（病弱・高齢等）」（4.4％）、「特になし」（30.9％）、「不明」（24.2％）と報告しています。

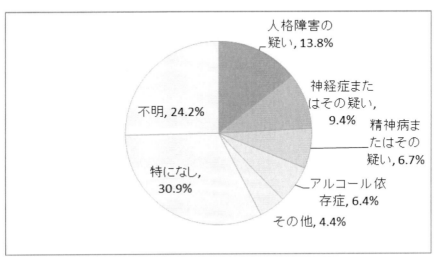

図4－3　主たる虐待者の心身の状況　図：筆者作成

13. 虐待が行われた家庭の特徴

　平成17年12月、東京都福祉保健局から出された「児童の実態Ⅱ」によれば、虐待が行われた家族形態は、実父母と子どもの家族が43.6％と一番多くなっています。次いで、実母と子どもの家族が30.6％、実母と養・継父と子どもの家族が11.7％となっています。

　虐待につながると思われる家庭の状況として、「経済的な困難」「ひとり親家庭」「夫婦間の不和」「育児疲れ」、そして「親族・近隣・友人からの孤立」となっています。これらの要因が複雑に絡み合っているといえます。

14. 虐待の世代間伝達

　虐待の世代間伝達とは、「幼児期に虐待されて育った者が、成長してから自らの子どもに虐待する現象」のことです。虐待体験により、「自尊心」や「基本的信頼感」が身につかずに成長してしまった結果、虐待を引き起こしやすいのではないかとも言われています。

　「自尊心」は、自分の尊厳を保つプライドともいえます。過去に虐待を受けて親からむごく扱われたことにより、自分は価値のない人間と思ってしまう傾向になります。自尊の気持ちが身につきにくくなるようです。

　一方、「基本的信頼感」は乳幼児期の大切な発達課題でもあり、母親に愛され、守られているという確かな感覚のことです。

　自分の親が暴力を用いて「育児」や「しつけ」をすることで、その方法が学習され、自分の「育児法」となることも示唆されています。

15. 児童虐待相談対応件数の推移
●虐待の種類別・被虐待者の年齢構成別で多いのは？

　虐待の種類別では、身体的虐待が40.1％（1万6,296件）、ネグレクトが38.0％（1万5,429件）、心理的虐待が18.8％（7,621件）、性的虐待は3.2％（1,293件）でした。被虐待者の年齢構成別の割合は、0〜3歳が18.3％（7,422件）、3歳〜学齢前が23.9％（9,727件）、小学生が38.1％（1万5,499件）、中学生が14.5％（5,889件）、高校生・その他が5.2％（2,102件）と報告されています。

　児童虐待相談の主な虐待者別構成割合では、実母が62.4％、実父が22.6％、

実父以外の父親 6.3%、実母以外の母親が 1.4%、その他が 7.2% となっている現状が分かります。

●児童虐待相談対応件数の推移

　平成 26 年 8 月 4 日、厚生労働省の発表によれば、全国の児童相談所が受け付けた児童虐待相談対応件数は、統計を取り始めた平成 2 年度（1990 年度）は 1,101 件でした。平成 19 年度は 4 万 639 件と前年度に比べ 3,316 件（約 8.9%）増加しています。さらに、平成 25 年度（速報値）では、7 万 3,765 件と増加傾向にあります。

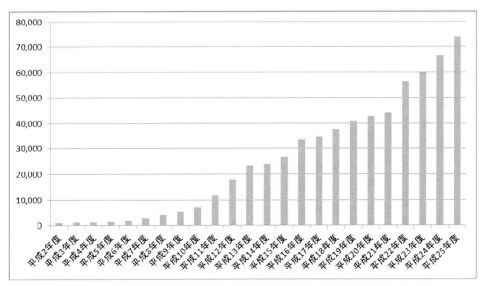

図 4－4　児童虐待相談対応件数の推移　図：筆者作成

　虐待死亡事例発生では、児童虐待防止法施行後の平成 15 年 12 月～平成 17 年 12 月 31 日までに、123 件発生しています。また、厚生労働省によれば、保護者の同意を得ずに児童福祉施設に強制入所させる家庭裁判所への申し立ては 2004 年は計 186 件で、1999 年の 88 件と比較すると約 2 倍の伸びを示しているとされています。

16. 児童虐待早期発見のポイント

●子どもの様子から虐待を発見しよう！

　虐待を発見することが、最も多いのは「保育所」であるといわれています。子どもと直接関わることの多い保育士は、日々子どもを観察し、少しの変化にも気がつける感性を身につけてほしいと願ってやみません。次の表は、「子どもの様子」から虐待を早期に発見するポイントになります。

表4-1　虐待の早期発見のポイント（子どもの様子）

	チェック	子どもの様子
1	□	よく怪我をするが、原因がはっきりしない。手当が十分でない。
2	□	特別な病気がないのに、発育が遅い。
3	□	表情が乏しく元気がない。
4	□	おびえた泣き方をする。
5	□	予防接種や健診を受けていない。
6	□	衣服が汚れていたり、異臭がしたりする。
7	□	保護者やきょうだいの服装と比べて差がありすぎる。
8	□	長期間入浴していない。
9	□	年齢に適した基本的な生活習慣が身についていない。
10	□	過度に緊張し、視線が合わせられない。警戒心が強い。
11	□	集中できない。
12	□	集団に入れない。他児と関われない。
13	□	保護者がいると顔色をうかがっているが、一度離れるとまったく無関心。
14	□	身体接触をいやがる。
15	□	奇妙な「よい子」。（こちらの期待どおりに行動しようとする等）
16	□	接触の回数を重ねても関係が深まらない。
17	□	他児に対して乱暴。ささいなことでも他児に対して執拗に攻撃する。
18	□	虫や小動物を殺したり、いじめたりする。
19	□	転んだり、怪我をしても泣かない。助けを求めない。
20	□	一度はめをはずすと、どめどがなく、コントロールがきかない。
21	□	食事やおやつをむさぼるように食べる。または人に隠すようにして食べる。
22	□	保育者を試したり、独占しようとし、他児を排斥しようとする。
23	□	連絡もなく登園してこない。

引用文献：『見過ごさないで！子どもたちのSOS』Gakken p.29　参照
　　　　表：筆者作成

●保護者の様子から虐待を発見しよう！

　保育士は、朝夕の送迎時に、保護者と接する機会があります。保護者とよりよい関係を構築するために、笑顔で声掛けをしたり、子どもの様子を伝えたり、日々、コミュニケーションを図る努力が必要になります。
　「保護者の様子」から虐待を早期に発見するポイントを一覧表にまとめました。

表4-2　虐待の早期発見のポイント（保護者の様子）

	チェック	保護者の様子
1	☐	子どもの要求をくみとることができない。（なぜ泣くのか、わからない等）
2	☐	子どもが新しい遊びや遊具に関心を持つことを好まない。
3	☐	子どもと遊ぶ時に必要以上に距離を置こうとする。
4	☐	子どもを自分と対等な存在と感じ、自分を脅かす存在とみている。
5	☐	乳幼児期の早期から、子どもを甘やかすのはよくないと強調する。
6	☐	保護者の気分の変動が激しく、自分の思い通りにならないと体罰を加える。
7	☐	子どもに心理的に密着しすぎるか、まったく放任か極端である。
8	☐	子どもに能力以上のことを無理やり教えようとする。
9	☐	子どもの怪我などについて、不自然な状況説明をする。
10	☐	保育者との接触を拒む。
11	☐	夫婦関係や経済状態が悪く、生活上のストレスになっている。
12	☐	周囲に相談相手がなく、孤立している。
13	☐	酒、覚醒剤、麻薬の乱用がある。

引用文献：『見過ごさないで！子どもたちのSOS』Gakken p.29 参照
　　　表：筆者作成

●緊急性の高い虐待を発見しよう！

　緊急性の高い虐待は、子どもの死と隣り合わせでもあります。保育士は、日頃から子どもを十分に観察し、「おかしいな」という異変に気づける感性を磨いていくことが大切です。そして、勇気を持って対応することで、かけがえのない子どもの命を守ることもできます。「緊急性の高い虐待」を早期に発見するポイントを一覧表にまとめました。

表 4-3　緊急性の高い虐待のポイント

	チェック	緊急性の高い場合
1	☐	子どもを投げる、頭部を殴る、高い所から落とす。
2	☐	腹部を蹴る、踏みつける、殴る、木刀などでたたく。
3	☐	首を絞める、水につける、熱湯をかける。
4	☐	骨折、裂傷、目の外傷、やけど（あと）がある。
5	☐	慢性的にあざやたばこの火を押しつけたようなあとがみられる。
6	☐	子どもへの性行為、サディスティックな行為がみられる。
7	☐	必要な衣食住が与えられていない。
8	☐	子どもを長時間放置している。
9	☐	子どもに脱水症、栄養不足のための衰弱が起きている。
10	☐	保護者が精神的に不安定で親子心中の恐れがある。
11	☐	保護者がアルコール・薬物依存症のため養育困難となっている。

引用文献：『見過ごさないで！子どもたちのＳＯＳ』Gakken p.29　参照
　　　　表：筆者作成

17.　育児　一人で悩まないで

　育児の不安を一人で抱え込まないことは、大切なことです。夫が仕事のため帰宅が夜遅かったり、夫の転勤で見知らぬ土地で暮らすことになったりした場合、育児の負担は母親に重くのしかかります。育児で疲れ、イライラしたり、つい、手を出してしまったり、そんなこともあるでしょう。感情のコントロールがうまくいかず、虐待に至ることもあるでしょう。

　今、虐待は誰にでも起こる可能性があるといわれています。一人で悩まず、周囲の誰かに相談することや地域にある社会資源を利用する等、いろいろな手段があるでしょう。

●**虐待の本質と虐待に発展する過程**

　虐待の本質は「支配と乱用」といえます。騒いだり、言うことをきかなかったりする子どもに対して、親は「コントロールできなくなったら困る」との思いから暴力で制圧しようとします。

　虐待に発展する前に何とか食い止めたいものです。虐待をしてしまった側の

心のケアも求められています。虐待をしてしまう要因を考えながら、虐待を予防する手立ても講じていきたいものです。

18. 貧困と虐待の連鎖

　日本の子どもが貧困の状態に陥っている事実をどれくらいの方が、ご存じなのでしょうか。日本の子ども（17歳以下）の相対的貧困は、2009年で15.7％であり、6～7人に1人が経済的に苦しい家庭に育っているというデータがあります。また、日本の子どもの貧困率は経済協力開発機構（OECD）加盟の34か国中、11番目に高く、ひとり親家庭においては、2番目に高いと報告されています。

●貧困の拡大が虐待増加の要因となる

　貧困の拡大は虐待増加の要因であるともいわれています。失業をすると、なかなか次の仕事が見つからない昨今です。親のストレスはふくらみ、子どもに対する支配欲と相まって虐待につながる可能性があります。

　非正規雇用などの不安定な職業では、将来への不安感から養育費のかかる子どもは負担に感じられることもあるでしょう。貧困が必ずしも虐待と結びつくわけではありませんが、生活の苦しさと孤独は心のゆとりを奪います。このような時代を反映する対応策として、「子どもの貧困対策の推進に関する法律」が成立しました。

19. 画期的な「子どもの貧困対策推進法に関する法律」

●子どもの貧困対策の推進に関する法律

　平成25年に成立した「子どもの貧困対策の推進に関する法律」は、画期的な法律であると考えます。それは、子どもの貧困について、社会と国が認めた重要な一歩であるからです。

　法律の目的は、「子どもの将来が生まれ育った環境によって左右されることのないように環境を整備する」ということです。ここでは、目的と基本理念について引用いたしました。

第一章 総則（目的）第一条　　この法律は、子どもの将来がその生まれ育った環境によって左右されることのないよう、貧困の状況にある子どもが健やかに育成される環境を整備するとともに、教育の機会均等を図るため、子どもの貧困対策に関し、基本理念を定め、国等の責務を明らかにし、及び子どもの貧困対策の基本となる事項を定めることにより、子どもの貧困対策を総合的に推進することを目的とする。

（基本理念）第二条　　子どもの貧困対策は、子ども等に対する教育の支援、生活の支援、就労の支援、経済的支援等の施策を、子どもの将来がその生まれ育った環境によって左右されることのない社会を実現することを旨として講ずることにより、推進されなければならない。

20. 被虐待児に関わる児童養護施設職員のストレスとは

　虐待を受けた子どもたちは児童養護施設に保護されることが多いものです。児童養護施設への入所理由の約半数は親による虐待です。虐待による影響は、外傷反応、衝動統制の障害、社会不適応等さまざまな影響を及ぼしています。

　虐待を受けた子どもに関わる職員は、子どもに対する否定的感情と肯定的感情が揺れ動いているといわれています。

　こうした中で、最も心身の疲労感に陥りやすい職員は、児童養護施設の保育士と児童指導員（直接処遇職員）であることが明らかにされています。

　直接処遇職員は、対応の際に子どもからの悲しみ、怒り、不信感等の感情表現によって傷つけられ、加えて、さまざまな理由によるストレスが問題視されてきています。

　ストレスは、直接処遇職員の職場定着率の低さや職務満足感の低さと密接な関連があること、また、ストレスによる情動反応は、児童に対するケアに悪影響をもたらす可能性がある等が指摘されています。

　では、実際に児童養護施設で働く職員は、どのような状態にあるのか、また、虐待を受けた子どもたちには、どのような特徴があるのかをみていきたいと思います。

　ここでは、事例を3つほど、ご紹介いたします。

【事例1】
性的虐待を受けた子どもへの対応でバーンアウトした事例

　職員Aさんは、勤務11年目に性的虐待を受けた子どもに関わりすぎてバーンアウトし、退職しました。1年間の休息後、再び、児童養護の仕事を選び、現在働いています。仕事とプライベートの切り離しが難しいこと、子どもから求められたら応じるべきという援助観を持っています。

　性的虐待を受けた子どもの特徴として、身体的な接触を求めてきます。そして性的なニュアンスは、体を通して伝えます。その感覚は、家に帰ってからも、職員Aさんを苦しめます。自分の体験を話すのはタブーであるような感覚に包まれたと語っていました。

表4-4　職員Aさんの対応等

子どもの特徴	職員の対応等	環境要因
・高1女子	・熱心、完璧主義の傾向	・個別担当制
・執拗なだっこの要求	・子どもの要求に応じるべきという援助観	・周囲のサポートが得られない
・身体接触（性的ニュアンスの伝達）	・家に帰っても仕事のことが頭から離れないタイプ	・支援法が分からない
・入所当日、4時間、泣き続ける		

　性的虐待を受けた子どもとの関わりから、自身の親子関係の再構築をし、バーンアウトに至った要因を自ら分析しました。まず、個別担当制であったため、「自分で何とかしなくては…」という責任感が仇となったようです。また、周囲のサポートが得られない状態と「性的虐待を受けた子どもへの支援法」が分からなかったことも要因にあげていました。

　さらに、児童養護という仕事の中で出会う自己矛盾についても語っていました。自分は未婚なのに離婚して再婚した保護者をみると、子どもへの支援をどうしたらよいか分からなくなったと言います。自己の課題が、保護者の現状に映し出されるという精神的にたいへん、きつい仕事でもあったと語っています。

【事例2】
愛着障害を持つ子どもへの対応で虐待通告を受けた事例

　職員Bさんは3年目の職員です。新人の時に本気で辞めようと思ったそうです。地域の中の一軒家のグループホームで、愛着障害を持つ子どもの泣きわめく等の試し行動により、地域住民より虐待通報をされた経験を持っています。毎晩、泣きわめいて、暴言を吐き、暴力をふるわれては、職員も傷つくものです。子どもが泣き始めると、家の窓を閉めてしまう行為は、たいへん、納得がいくものです。

　本園の勤務であればすぐに助けを求められますが、地域の中に存在する一軒家で、しかも、新人職員との2人体制です。何かあった時に、すぐにSOSが求められない、厳しい現状が伺えます。

表4－5　職員Bさんの対応等

子どもの特徴	職員の対応等	環境要因
・就学前の男児 ・愛着障害 ・毎晩、泣きわめく ・暴言を吐く、暴力をふるう	・泣きが激しいため、地域住民から虐待通告を受ける ・泣き始めると、家の窓を閉めてしまうようになる	・地域の中の一軒家 ・新人職員との2人体制 ・相談できない環境 ・困っても助けてもらえない

　職業選択に関しては、悩みを誰かに聴いて欲しい欲求を満たし得ず、自分と同じような子を助けたい思いから児童養護を選択したとのことです。バーンアウトしないためにもプライベートと仕事の区切りを付けたいと語っていました。

【事例3】
発達障害を持つ低年齢の子どもへの対応で葛藤する事例

　職員Cさんは3年目で、現在は低年齢児の部屋を担当しています。子どもに言葉が伝わらないもどかしさや冷たい自分との葛藤で悩んでいました。何が起こるかわからない、気が休まらない仕事であり、職員Cさんは仕事への適性について葛藤しています。発達障害を抱える低年齢への子どもの対応に一番、ス

トレスを感じると語っていました。

　低年齢児の寝かしつけは、職員を困らせる１つかもしれません。１人が泣くことで、連鎖的に泣く子どもが増えます。ベテランの職員でも、夜泣きの激しい子どもの対応によって一睡もできずに、朝から疲労困憊の状態であると聞いています。

表４-６　職員Ｃさんの対応等

子どもの特徴	職員の対応等	環境要因
・低年齢児	・対応に悩む	・本園で身近に相談できる環境
・発達障害	・イライラする	
・夜中、泣き続けて、寝てくれない	・子どもに対して冷たい対応をしてしまう	・子どもを巡る援助者間のこじれ
・生活習慣が、なかなか確立しない	・適性がないのかと葛藤が続く日々	

　職員Ｃさんのもう１つのストレスが、子どもへの対応を巡る援助者間の「こじれ」です。援助する側も、それぞれ育った環境が違い、援助観も違います。自分の支援と同僚の支援とに違いがあった場合、悩んでしまうものです。そうした時は、主任に相談したり、会議で支援について共有したりすることで、解決の糸口が見いだせるのではないでしょうか。

21. スクールソーシャルワーカーとしての虐待への支援の実際

兄弟で差をつける心理的虐待へのアプローチ

●事例の概要
　担任の先生からの相談により、学校全体の取り組みとなった事例です。管理職から教育センターのスクールソーシャルワーカーに介入の依頼があり、支援がスタートしました。

長男と次男は、母親は同じですが、異父兄弟です。次男は、現在の父親の子どもです。長男は古びた衣服を着させられていますが、次男には新しい衣服が与えられています。衣類や持ち物など兄弟によって「差」が感じられます。担任の先生は、「心理的虐待ではないんでしょうか」と疑問を持たれて、スクールソーシャルワーカーが介入した事例です。

● **事例への考察**
　このケースは、家族関係の複雑さが根底に横たわっています。再婚家庭（ステップファミリー）がスタートしたわけですが、家族間での軋轢や心理的圧力が予想できるケースです。再婚家庭の構築には、8年の歳月を要するともいわれています。
　与えられるものにより差をつけられるのは、本人にとって耐えがたい心理状態を生みます。こうした心理的虐待は、子どもの成長・発達を阻害するものです。家族関係を調整しながら、多角的に長期間かけてアプローチしていく必要性があるケースといえます。

● **対応**
　スクールソーシャルワーカーとして、学校と担任の先生への「コンサルテーション」を行いました。生徒への対応や保護者への対応をどのようにしていくか等、教員に伝えました。
【生徒への対応】
　担任の先生には、きめ細やかな日々の観察と見守り、声かけを大切に生徒への支援を行ってほしいこと、また、一人ひとりが大切な存在であることを意識した支援をお願いしました。
【保護者への対応】
　保護者に対しては、担任の先生から学校での子どもの様子を丁寧に伝えることを心がけてほしいと伝えました。子どもの成長した点や良い点を伝えることで、学校への信頼感を培っていけるものです。そして、子どもへの関心と理解を保護者に促していくように働きかけていきます。直接、担任の先生から声をかけてもらうことで、保護者も少しずつ、学校に対する気持ちが変化していく

ものです。学校行事や授業参観への参加を促すなど、担任が諦めずに関わり続けることで「信頼関係」が築かれていくことでしょう。

第5章　いじめ・学級崩壊への対応の実際

憧れの教師になって見た風景
　　—　学級崩壊寸前のなかで　—

１．ゴールデン・ウィーク明けの５月半ば、豹変するＰ君

　憧れの小学校教師となり、筆者は喜びにあふれていました。子どもが大好きな筆者の担当は１年生。しかし、ゴールデン・ウィークが明けた頃から心がざわついて、得体の知れない不安が時折、押し寄せるようになったのです。

　４月初めは、挨拶の仕方や下駄箱への上履きのしまい方、トイレの使い方などの学校生活を送るに当たっての基本的な生活習慣を身につけていきます。第１回目の保護者会も大きな問題はなく、新任教師の筆者を受け入れてくれる感覚に包まれました。なかなか好調な滑り出しと思った矢先のことです。

　ゴールデン・ウィークが明けた頃から、Ｐ君の行動が気になり出しました。まず、席に着けなくなり、ちょろちょろと教室から外へ出ていくことが増えました。後を追うと、クラスの下駄箱付近にいるのですが、注意をすると凄い剣幕で攻撃的な行動に出るようになったのです。

　目をつり上げて、顔を真っ赤にして筆者を睨みつけます。教室に誘う手を振り払いながら、足で筆者を蹴ろうとします。４月には、全く見られなかった行動です。教師としての対応を変えたわけではなかったので、いったい、Ｐ君の心のなかで何が起こっているのか、想像すらできませんでした。当時の筆者は、Ｐ君の置かれた環境に配慮するゆとりは全くありませんでした。

　ある日、こんな事件がありました。筆者は「粘土・あたふた事件」と名づけています。ある朝の自習で、粘土の課題を子どもたちに与えました。職員の朝の打ち合わせが終了し、教室の扉を開けると、異様な空気が押し寄せます。そこには救いを求める子どもたちの「つぶらな瞳」がありました。

　何が起こっていたのでしょう。なんと、子どもたちの粘土の蓋に、なみなみと水が入れられていました。１人、２人でなく、教室にいる全員の子どもの粘土の蓋に水が入っています。担任のいない時間、Ｐ君は、クラスの皆を従えてじょうろでせっせと水を粘土の蓋に入れる作業に没頭していたのです。

　１年生の「いたずら」と片づけるには、少し度が過ぎますし、１年生に考えられることなのか、今でも疑問が残っています。きっと、クラス全員を従えて、支配したかったのかもしれません。

　ある日の放課後、職員会議中にけたたましく電話が鳴り響きました。「先生、父兄の方からお電話です」と教頭先生が受話器を筆者に手渡しました。「明日、

うちの子、学校を休ませます」と保護者の大きな怒声が受話器から漏れて、静まり返った職員室に響き渡りました。

「どうされましたか」と筆者が聞くと、「どうもこうもないです」ときっぱり言い切ります。下校中、P君にランドセルを溝に投げ入れられたらしいのです。教科書は、泥がついて、ぐちゃぐちゃとなり、明日はとても、学校に安心して登校させられないと言うのです。職員会議が終わると、筆者は家庭訪問をして、保護者の方の怒りを受け止めました。

昼休みに、こんな出来事もありました。クラスメートが描いた「お母さん、ありがとう」の絵をP君が、ロッカーの上に乗って、1枚1枚、バリッ、バリッと剥がしていきます。絵は宙を舞い、画鋲は床に飛び散りました。職員室にいた筆者を子どもたちが呼びに来ます。

廊下に居た校長先生も何事かと教室に入ってきます。昼休み終了のチャイムが鳴り響き、まるで、これから繰り広げられる「学級崩壊の警鐘」を鳴らしているかのようでした。

P君が教室で荒れるのをきっかけに、連鎖反応が起こり、P君が教室から飛び出すと、数人の男児が教室からいなくなります（1）。筆者は、子どもたちに、自習課題を与えて校舎内、そして、校庭へと走り回りました。そんなことが、一時は、日常茶飯事となっていたのです。何かがおかしい、何かが狂っている。そんな感覚を抱きながら、過ごした6か月は命がけだったように思います。

きっと、あの光景は「学級崩壊寸前」の姿であったと思います。教室から逃げ出す子どもたちを追いかけ、時には、飼育小屋から逃げ出すクジャクを追いかけていました…。追いかけながら、筆者の心は追い詰められていたのです。心も体もぎりぎりの状態でした。

2．新任教師への支援体制
●学級崩壊を食い止めるヒント

昼休みに掲示されていた絵が、P君によって剥がされていく場面に居合わせた校長先生が、教室に入ってきました。校長先生は、「さあ、みんな、裸足になって、雑巾がけをしよう」と促します。子どもたちは、裸足になって、校長先生の後に着いて雑巾がけをします。校長先生の掛け声で、子どもたちはテキパキ

と動きます。

　筆者はその様子を呆然としながら見ていました。筆者の中に、かろうじて残っていた「自信」のようなものが崩れ去っていく瞬間でもありました（２）。
＜筆者には清掃指導１つできないのか。子どもたちをまとめる力もないんだろうか…＞
　Ｐ君の不適切な行動を止めることも、理解することもできなかったのです。「力不足」「無力」の烙印を自ら押した瞬間でもありました。
　親元を離れ、憧れの教師になったのに、もろくも筆者の理想と現実は大きく崩れさったのです。実家に帰った時に、両親や祖母には、学級経営が上手くいっていないことも、教師に自信を無くしていることも話せずにいました。そのことが、より一層、筆者の心を孤独にしていきます（３）。
　荒れたクラスは、教室が乱雑で汚れていきます。たった１回の校長先生の清掃指導で、汚い床の汚れもふき取れることに驚きました。その日から、新任教師である筆者への学校全体の支援が始まりました。
　学年の先生と主任の先生方には、日々、Ｐ君の行動の様子を伝えました。Ｐ君が不穏になった時に、すぐにＳＯＳを出して教室に駆け込んでもらえる体制を確立しました。切れたＰ君を筆者は、しっかり抱きかかえて、主任の先生が来てくれるのを待ちます。Ｐ君は、かっとなると目がつり上がり、すぐに物を取り、投げつけようとします。身体を張って他の子どもたちを守る術しかなかったのです。
　今、思い出すと、クラスの子どもたちは、どんな思いでいたのでしょうか。幼い小学校１年生の心にどんな傷を残してしまったのでしょうか。考えるだけでも涙が溢れてきます。いろいろな場面を思い出しては、元１年２組の子どもたちには、「ごめんね。若くて指導ができなくて、みんなを守れなかった」という思いになるのです。
　同僚や仲のよい教員仲間には、弱音を吐き出す場を確保しました。食事をしながら今日の出来事を聴いてくれる同僚や仲間に支えられていたのです。
　Ｐ君の問題は、学校全体の課題として共有しました。Ｐ君の行動と様子を伝えて共通理解と共通認識を図りました。学校の中にいる保健室の先生や用務員さん、事務員さんからは、Ｐ君に言葉かけがありました。

3．P君と筆者との6か月「闘争」にピリオド

　運動会の終わる10月頃に、P君は落ち着きを見せ始めました。やっと、正常な授業風景が戻ってきました。P君の不適切な行動は、筆者とP君との権力闘争だったのではないかと思います（4）。

　P君は、新任の筆者が担当でよかったのではないかと時折、思うのです。新任で無力だったからこそ、すべてが早い時期に明るみに出たのです。当時は、P君の置かれた環境や心の内、やるせなさを感じ取る力も受容するゆとりも筆者にはなかったのです。

4．崩れゆく筆者の身体

　クラスも10月頃には落ち着きが見られるようになりました。新任の研究授業では、算数の授業を行いました。指導主事からは、1学期の様子からは想像ができないほど、P君も他の子どもたちも落ち着いて学習に取り組んでいることを評価されました。やっと、教室に笑いが戻った瞬間です。

　11月に入ってすぐに、高熱が出てひどい風邪で倒れました。喉がひりひりと痛んで、声が出ません。身体の苦しさのなかで、必死に走ってきた日々が思い出されます。高熱も声を失うほどの症状も心の悲鳴だったのかもしれません。辺りには、金木犀が香り、筆者の弱った心に優しさを届けます。実家の父や母、祖父や祖母を思い出しながら、涙が頬を伝わりました。

　3学期を迎えたある日のこと。授業中に激しい目眩が襲ってきて、筆者は教卓に突っ伏してしまいました。
「先生、大丈夫…」という子どもたちの声が、遠くからこだまのように響きます。一瞬、意識が飛びました。

　その日の夕方、病院に駆け込みました。血圧を測ると、最高血圧が90を切っています。血液検査の後に点滴の処置が施されました。とりあえず、一人暮らしのアパートに戻り、体を横たえました。しかし、寝ても、寝ても、疲れが取れません。

　血液検査の結果に異常はみられないものの鉛のように重い身体を引きずりながら、学校へ出勤する日々です。仕事が終わり、家に帰ると、そのまま布団になだれ込む生活が2か月近く続きます。血圧も低く、相変わらず原因不明の体

調不良に襲われていました。

　身体と心は連動しています。自尊心や自尊感情は低下し、いつしか、筆者は自信を無くしていました。親元を離れての新任教師時の「学級崩壊寸前」の状態は、心の深いところにダメージを与えました。うつ病を発症しても不思議でない状態でした。かろうじて、ぎりぎりの精神状態だったのではないかと思います。

　心に刻まれた深いダメージは、時折、頭をもたげてきます。小学校の教員を退職して10年ほどしてから福祉系の専門学校や短大の講師をしました。クラスがざわざわと落ち着かない状態に出遭うと、心がザラサラした新任時代の記憶に辿り着きます。

　＜いつかと同じ、この感覚…、いつか、味わった不快感…＞

　瞬間、瞬間に、遠い記憶を思い出すのです。そんなマイナスの感覚が押し寄せることが度々あります（5）。そんな時は、授業が上手く成立しているプラスのイメージを描いて乗り越えてきたように思います。

5．元1年2組の子どもたちへ

● 「ごめんね、みんな…」

　1年生にとって、学校に行くといじめを目撃したり、クラスが落ち着かない状態という状態は、幼い心にどのような影を落としていたのでしょうか。そのことに、想いをはせると怖くなります。感受性の強い子、影響を受けやすい子、共感能力の高い子、心が優しい子、思いやりに溢れている子のことが浮かんできます。

　お母さんに学校のことを話していたのでしょうか。家族の人に語っていたのでしょうか。それとも、学校で起きた嫌なことは一切語らなかったのでしょうか。さまざまだと思います。

　筆者が元1年2組の子どもたちに言えることは、たった一言。

「ごめんね、みんな…」

　先生が若かったばかりに…、力がなかったばかりに…、きっと、みんなには、不安な日々を過ごさせてしまったのではないかと思うのです。みんなは、きっと、「もう幼い頃の過ぎたこと。記憶のかなたにあるよ！」と言うでしょう。

きっと、「先生も頑張っていたから…、大丈夫だよ」と言うでしょう。そんな優しいメッセージが届いてきます。でも、ちょっとだけ、耳を傾けて聴いて欲しいのです。

　いじめは、成人した後も重大な影響を及ぼすことがたくさん報告されています。たとえば、人間不信や自己不信、ネガティブ思考、疎外感を味わう子どもたちもいます。さらに、不適応状態や対人恐怖、対人不安、用心深さ、社会的退却傾向などです。深刻な精神的苦痛、情緒不安定、心身症などの精神疾患やトラウマに至るケースも現れています。いじめられた体験の影響は深刻であり、もっともっと多くの方に認知して頂きたいと思います。いじめられた子どもたちは、その後の人生では、こうした心の傷を背負いながら、人生を歩むといっても過言ではありません。こうした状況からの脱却と傷ついた心のケアが今、求められています。

　いじめの被害体験が、「心のしこり」になって、ひょっこりと顔を出して苦しくなったり、人生において生きにくさを感じたりしたら、元担任を思い出してくださいね。そして、語れるところから、自由に心の内を語って欲しいのです。

●小さきあなたを抱きしめて
　　― 元担任からあなたへ宛てた手紙 ―（６）

小さき者よ　今　あの当時のあなたを抱きしめる
小さきあなたは小学１年生
私は希望に燃えた新任教師
私たちの出会いは「教室」だった
小さきあなたの怒りの先が　私には見えなかった
小さきあなたの悲しみが　私には感じ取れなかった
小さきあなたの底なし沼のような寂しさが
私にはわからなかった
小さきあなたは　いつも不安に怯えていたんだね
小さきあなたは　反抗することでしか
心のなかに渦巻く感情を処理できなかったんだね

つらかったね
さびしかったね
不安だったね
いつも　怯えの中にいたんだね

あなたを残して消えていった母親の影を
新任教師の私に映していたのかな
あなたは　反抗することでしか
心の内を表現する術を持たなかったんだね

当時の小さきあなたに必要だったのは
消えていった母に似た女性からの愛だったのかもしれないね…
小さきものよ　私は若すぎてあなたを抱えることができなかった
ごめんね…
あなたを大きな愛で包んであげたかった

小さきものよ　今からそっと　当時のあなたを抱きかかえたい
静かに　そっと　あなたの心のひだに　私の涙が染みて
だんだんと　あなたの心にオレンジ色の灯が灯る
今　そっと抱きしめている
時空を超えて　きっと　小さき頃の小さきあなたに届くはず…
あなたを抱きしめていると
新任の頃の私の心も少しずつ回復してくる
じんわりと温かな涙が過去をきれいに洗ってくれる

小さきものよ　かけがえのない　私の教え子よ
どこかで生きているであろう　小さきものよ
ずっと　あなたの心を抱きしめるから…
あなたに　本当の幸せが訪れていますように

元あなたの担任より

6．当時、必要だった支援体制とは
● ソーシャルワークアプローチ

　新任当時、「こんな支援があれば、ずいぶんと楽だったろうな…」と思う支援体制について述べていきます。

　まず、1つ目は、教師へのカウンセリングです。学級崩壊寸前の「無力感」と「情けなさ」は、今でも心のどこかに残っています。当時、スクールカウンセラーがいたならば、自分の無力さ、つらさ、心の叫びを聴いて欲しかったです。今、新任教師のうつ等の精神疾患による休職、退職が問題になっています。気軽に利用できる体制が整うことを願います。

　2つ目は、保育園・幼稚園・小学校の連携と情報交換が必要です。成育歴が複雑な子どもを新任の筆者が担当することもなかったでしょう。情報のないなか、機械的に割り振ったようなクラス分けはどうだったのでしょうか。疑問が残っています。

　3つ目は、家庭への外部専門家による働きかけが必要です。P君の家庭には、何度も家庭訪問を繰り返しました。しかし、継母からは「先生がお若いから、うちの子、甘えているんですよ。うちでは、とっても素直でいい子なんですよ」との答えしか返ってきません。ワンクッション置いて、外部専門家による働きかけで、担任と保護者との関係調整ができたでしょう。ひいては、子ども理解も進み、教師と子どもとの関係改善が望まれたと思います。現在、配置されている「スクールソーシャルワーカー」による環境調整です。

　4つ目には、地域力と見守り機能です。新興住宅地の中の新設校でしたから、地域力は弱かったかもしれませんが、民生委員さんや児童委員さんとの連携で、下校時の見守り機能が期待できたと感じます。いじめの現場に出遭ってしまった時、地域の人からの支援も心強いものです。子どもは社会の子どもであるという視点が大事になるのです。また、家庭に対しての柔軟なアプローチとして、声掛けや訪問なども効果があるでしょう。

　5つ目は、教師に対するスーパービジョン体制です。自分の行っている指導は、客観的にみてどうだったのか。どのような対応や指導が適切であったのか。本当に筆者は、力不足だったのだろうか。専門的な助言・指導により「自己肯定感」の高まりと「自尊感情」も保持できたのではないかと考えます。

新任の時には感じませんでしたが、「人生哲学」や確固たる「指導法」と「教育観」は教員人生を支える大きな力となることでしょう。

●子どもの見方を変えたアドラー心理学との出会い
　日本学校心理士会埼玉支部、2012年6月の研修会で、アドラー心理学について学ぶ機会を得ました。子どもを見る視点が一変するものでした。今だから言えることは、教師が「課題のある児童」と思っている子どもは、実は、「課題を背負わされた児童」でもあるのです。そして、教師が「困った児童」と思っている子どもは、「子ども自身が困っている児童」なのです。このように、眼差しを変化させることは、とりも直さず、支援のポイントをつかみやすくします。そして、子どもに肯定的なメッセージを伝えていくことが、関係の改善となり、事態の改善へとつながるのです。教師になって筆者に与えられた課題は「成長の機会であり、困難は1つの試練」だと思えました。苦労ではなく、「教師としての1つの道程」であり、児童理解に深みを与えられた経験となったのです。

7. 今、抱え続けた「心の闇」に迫る

　憧れの教師になって、筆者を待ち受けていたのは思いもよらない「学級崩壊」寸前の風景でした。その時の思いが、心のしこりとなり、未だに当時の風景が脳裏をよぎることがあります。封印し、抱え続けた「心の闇」に迫りたいと思います。筆者の心のなかで未解決な課題をこの章で（1）～（6）に記しています。大学院で臨床心理学を専攻する加藤さんに回答して頂きました。

（1）「連鎖反応が起こり、数人の男児が、教室からいなくなります」

Q：不適切な行動の連鎖を食い止めるには何かよい方法はありますか。

A：学校全体として問題と向き合い、担任以外がクラスを見回るようにし、そのうえで全体への注意だけなく、一人一人を個別に呼んで話を聞く等も考えられます。

筆者：そうですね。新任教師でしたから、一人で抱え込まないで、他の先生方の力をお借りすることは大切なことですね。学校全体の課題にすることで、同じような悩みを抱える先生の支援のヒントにもなり得ますね。

（2）「筆者の中に、かろうじて残っていた自信のようなものが崩れ去っていく瞬間でもありました」

Q：新任教師の自尊感情や自己肯定感は、同僚や子どもたちからも傷つけられることが少なくないと思うのですが、どうなのでしょうか。

A：私もそう思います。サポーティブな同僚でなかった場合、新任教師は目の前の仕事だけでなく、雑務もどんどん言い渡されるイメージです。（実際そういった話しを聞くので）。学校という場で接する大半は子どもたち、同僚なので、その影響は大きいと思います。子どもたちも予想とは異なる行動や反応をたくさんするでしょう。保護者から自尊感情や自己肯定感を傷つけられることも少なくないと思います。

筆者：自分の指導がどうだったのか、適切なアドバイスが欲しかったです。今でいう「スーパービジョン体制」が必要でした。支持してもらえると自信も保てたように思います。

（３）「筆者の心を孤独にしていきます」

Q：この「孤独感」とは、どこからくるものなのでしょうか。誰にも言えないとは、どういった状態なのでしょうか。

A：現在の自分の状況を支えてくれる人がいない状況から孤独感を覚えると思います。誰にも言えないのは、相手に心配をかけたくないことと、自尊心から生じている状況だと考えました。

筆者：悩みを一人で抱え込まないで、誰かに話せたら、どんなに楽になれたことでしょう。「自分は完璧でいたい、人に弱音なんて吐いてはいけない」という思い込みがあったのでしょうね。若気の至りかもしれません。

（４）「Ｐ君の不適切な行動は、筆者とＰ君との権力闘争だったのですか」

Q：不適切な行動にも目的があるとすると、筆者のケースは、Ｐ君にとって、どのような目的を持っていたのでしょうか。

A：カーッとなる前の不適切な行動は、マイナスな行動で注目を浴びたかったのだと思いました。怒られても、注意されるようなことをして、それに対して正しいフィードバックをしている状態であるので、本人の中にはかまってもらえて嬉しいという気持ちもあったのではないかと思います。

筆者：Ｐ君が不適切な行動をすることで教師が反応し、自分に注目してくれるわけですから、その行動は繰り返されますね。アドラー心理学を学ぶようになって、やっと「適切な行動に注目する」ことの大切さがわかるようになりました。

（５）「瞬間、瞬間に、遠い記憶を思い出すのです。そんなマイナスの感覚が押し寄せることが度々あります」

Q：この状態は、過去の心の傷が癒されていないのでしょうか。トラウマとなっているのでしょうか。

A：昔体験したこと、後悔していることがふとしたときに思い起こされることは、つらいことと思いますが、正常な反応だと思います。マイナスの感覚があるから、繰り返さないこともあると思うので。ただ、その程度によっては、注意すべき感覚だと思いました。

筆者：記憶を封印し、抑圧して同じような場面に遭遇しても、何も感じなくなってしまうことの方が怖いことなのかもしれませんね。今では「こんなこともあったな〜」と当時を振り返るゆとりが生まれたことを実感しています。

（6）「元担任（筆者）からP君へ宛てた手紙は心の癒しになりますか」

Q：過去を回想しながら、書くことは心の癒しにつながるのでしょうか。涙が溢れて心が浄化されていきました。この他にも、傷ついた教師の心を癒していくような療法などありますか。

A：手紙であれば、P君に書いたように相手に書くほか、過去の自分やその当時の自分になって相談するのもいいと思いました。書くことが苦手な人もいると思うので、エンプティ・チェアやロールプレイングで実際に口に出して言ってもいいかもしれません。

筆者：なるほど、いろいろな療法を試してみるのも、ひとつの方法ですね。

　加藤さん、的確なコメント、ありがとうございました。未解決で長年抱えていた胸のつかえが消えていくような感覚を味わうことができました。
　近い将来、臨床心理士になられましたら、たくさんの方々の力になってください。加藤さんを必要としている人がたくさんいます。陰ながら応援しています。

あとがき

　憧れの教師になって見た風景。それは、いじめ問題でクラスが荒れ、学級崩壊寸前のものでした。新米教師の筆者は6か月間奮闘し、何とか、学級崩壊を免れました。振り返れば、たくさんの方々のサポートと助けがあったことに気づかされます。

　父の死をきっかけに、自分自身の人生をリセットしたい思いが募り、11年間の教員生活にピリオドを打ちました。しばらくした後、中学校の相談室勤務をします。そこでの主な仕事は、不登校生への支援、生徒や保護者からの相談でした。「いじめ」の相談件数は少ないものの、日常のなかで、「ふざけ」や「からかい」とは明らかに違う「いじめ」と思われる行為を目の当たりにします。いじめが原因で不登校に至った事例にも遭遇しました。そのような経緯もあり、大学院では「いじめ問題」の研究をするに至りました。

　研究の成果は2つの形になりました。1つは『カウンセリング研究』に論文が掲載され、もう1つは「いじめ問題」の講義をさせて頂く機会に恵まれたのです。

　ＮＰＯ法人地域学校精神保健福祉ネットワークや埼玉県立総合教育センターそして、日本学校心理士会埼玉支部の研修会等において、講義のチャンスを与えてくださったのが、文教大学の会沢信彦教授でした。専門職（臨床心理士・学校心理士等）の方々、行政関係の方々、現場の教員の方々、相談員の方々を対象に「いじめ問題」についての講義を行うなかで、いじめ問題について深く考える機会に恵まれました。気がつけば、「いじめ問題」の講義資料も蓄積されてきました。

　また、社会問題になっている「不登校」や「児童虐待」についてのシンポジウムや講義の機会にも恵まれました。これまでの教育現場での実践と「いじめ問題」「不登校」「児童虐待」の講義での知識の蓄積を1冊の本にまとめたい思いがふくらみました。

　これから教育・福祉現場で活躍する学生の皆さんや教育現場で奮闘している先生方に、筆者の思いを届けたいという願いが1冊の本になりました。必要とされている方に本書が届くことを心から願っております。

謝辞

　文教大学の会沢信彦教授には、「いじめ問題」関連の数々の講義のお仕事を頂きました。講義を行っていくうちに、「いじめ問題」に関する資料も膨大になり、出版への思いがふくらんでいきました。本出版への大きな原動力を頂きました会沢教授に心より感謝申し上げます。

　また、埼玉学園大学の藤枝静暁教授には、川口短期大学や埼玉学園大学臨床心理カウンセリングセンターに勤務する「橋渡し」となって頂き、たいへんお世話になりました。心より感謝申し上げます。

　さらに、埼玉学園大学大学院心理学研究科臨床心理学専攻の加藤冴子さん、加藤さんのお兄さんの加藤悠樹さんには、執筆中、本に関する細かな相談に乗って頂き、多大なるご尽力を頂きました。心より感謝申し上げます。

　イラストは、藤部昭則さんにご協力を頂きました。心より感謝申し上げます。藤部さんのブログは次の通りです。http://ameblo.jp/inky-finger/　ぜひ、お立ち寄り頂けたら幸いです。

　最後になりましたが、三恵社の木全俊輔様には、本書着手の段階から上梓に至るまで、懇切丁寧なご支援を賜わりました。この場をお借りして厚く御礼を申し上げます。たくさんの方々のお力添えにより、ここに1冊の本が完成いたしました。深く感謝申し上げます。

2016年1月吉日

亀田　秀子

著者の論文紹介
【児童養護施設職員のストレス研究】
①亀田秀子　2010　心に大きな傷を抱える子どもをケアする児童養護施設における直接処遇職員のストレスに関する研究　－対応困難事例から見えてくるバーンアウトの予防－　鴨台社会福祉学論集　第19号　大正大学社会福祉学会
②亀田秀子・藤枝静暁・中村敬　2014　児童養護施設における直接処遇職員のストレスに関する研究　－勤務年数短群と勤務年数長群への半構造化面接による調査－　川口短大紀要　第28号

【いじめ問題の研究】
③亀田秀子・相良順子　2010　過去のいじめ体験が青年後期においても及ぼす長期的影響　－自己成長感を分かつ要因の検討－　児童学研究　聖徳大学児童学研究所紀要　第12号
④亀田秀子・相良順子　2011　過去のいじめられた体験の影響と自己成長感をもたらす要因の検討　－いじめられた体験から自己成長感に至るプロセスの検討－　カウンセリング研究　Vol.44 No.4
⑤亀田秀子・会沢信彦・藤枝静暁　2014　いじめ被害からの回復とその要因に関する基礎的研究（1）　－いじめを扱った学術論文の研究方法による分類－　文教大学教育研究所紀要　第23号
⑥亀田秀子・会沢信彦・藤枝静暁　2015（印刷中）　いじめ被害からの回復とその要因に関する基礎的研究（2）－いじめを扱ったわが国の大学紀要論文の研究方法による分類－　文教大学教育研究所紀要　第24号

※上記の論文は、別刷が多少ありますので、ご希望の方は下記までご連絡ください。
　連絡先：hide36@tbz.t-com.ne.jp

主要引用文献・参考文献

会沢信彦・岩井俊憲（編著）　2014　今日から始める学級担任のためのアドラー心理学　図書文化

坂西友秀・岡本祐子（編著）　2004　いじめ・いじめられる青少年の心　北大路書房

森田洋司・清永賢二　1994　新訂版　いじめ　－教室の病－　金子書房

奈良県教育委員会　平成21年3月　事例から学ぶいじめ対応集

文部科学省初等中等教育局児童生徒課　2012.9　平成23年度　スクールソーシャルワーカー実践活動事例集

※本文中で明記している文献は省略しています。主要引用文献のみの記載です。

著者紹介
亀田　秀子（かめだ　ひでこ）

聖徳大学大学院児童学研究科博士前期課程修了(2005)。
大正大学人間学研究科社会福祉学専攻博士前期課程修了(2009)。
修士(児童学・社会福祉学)。
現在、聖徳大学・川口短期大学・十文字学園女子大学、非常勤講師。
社会福祉士・精神保健福祉士・学校心理士。

いじめ・不登校・虐待と向き合う支援と対応の実際

2016年1月8日　　初版発行
2017年4月27日　　第二版発行

著　者　　亀田　秀子

定価(本体価格1,350円+税)

発行所　　株式会社　三恵社
〒462-0056 愛知県名古屋市北区中丸町2-24-1
TEL 052 (915) 5211
FAX 052 (915) 5019
URL http://www.sankeisha.com

乱丁・落丁の場合はお取替えいたします。
ISBN978-4-86487-454-0 C3037 ¥1350E